本书为国家社科基金青年项目"全球最低税冲击对中国跨国企业资源再配置的影响与对策研究"（24CJY129）的阶段性研究成果

"一带一路"倡议对企业税负水平影响研究

RESEARCH ON THE IMPACT OF THE BELT AND ROAD INITIATIVE ON THE LEVEL OF TAX BURDEN OF ENTERPRISES

何子烨 著

中国纺织出版社有限公司

内 容 提 要

"一带一路"倡议自2014年正式实施以来,极大增强了中国企业利用全球要素市场提升资源配置效率的能力。然而,"一带一路"沿线国家在经济发展水平、营商环境及制度环境上的差异使得对外投资企业的生产经营活动面临较高的不确定性。在此背景下,本书全面考察实施"一带一路"倡议对企业税负水平的影响、作用机制与经济后果。

通过研究"一带一路"倡议对企业税负水平的影响,本书拓展了"一带一路"倡议微观经济后果的相关文献,丰富了"一带一路"背景下企业避税问题的相关研究,对进一步降低对外投资企业的经营成本、激发"走出去"企业经营活力提供了政策启示。

图书在版编目(CIP)数据

"一带一路"倡议对企业税负水平影响研究 / 何子烨著. -- 北京:中国纺织出版社有限公司,2025.9.
ISBN 978-7-5229-2668-1

Ⅰ. F812.423

中国国家版本馆CIP数据核字第2025FQ7307号

责任编辑:柳华君　　责任校对:王花妮　　责任印制:储志伟

中国纺织出版社有限公司出版发行
地址:北京市朝阳区百子湾东里A407号楼　邮政编码:100124
销售电话:010—67004422　传真:010—87155801
http://www.c-textilep.com
中国纺织出版社天猫旗舰店
官方微博http://weibo.com/2119887771
河北延风印务有限公司印刷　各地新华书店经销
2025年9月第1版第1次印刷
开本:710×1000　1/16　印张:13
字数:180千字　定价:98.00元

凡购本书,如有缺页、倒页、脱页,由本社图书营销中心调换

前 言

"一带一路"倡议自 2014 年正式实施以来,在各方面取得了令人瞩目的成就。"一带一路"建设由点、线到面,从经贸合作到文化交流,沿线各国的参与度与认同感不断增强。截至 2019 年末,中国企业在倡议沿线的 63 个国家共设立超过一万家公司,投资领域覆盖了 18 个国民经济行业大类,实现直接投资额近一百九十亿美元,占当期中国对外直接投资总流量的 13.7%。截至 2020 年,中国对周边国家和地区的直接投资额存量超过 2007 亿美元。"一带一路"倡议的提出极大激发了中国企业"走出去"的积极性,增强了中国企业利用全球要素市场提升资源配置效率的能力。然而,"一带一路"倡议覆盖了亚洲、欧洲与非洲的 64 个国家,沿线国家的经济发展水平、营商环境以及制度环境存在较大差异,这些因素使得对外投资企业的生产经营活动面临较高的不确定性。一方面,沿线各国税收制度与税收环境的差异,以及跨国反避税合作的开展提高了对外投资企业避税的难度,增大了企业的税收风险。另一方面,税收优惠政策与双边税收协定降低了企业的税收不确定性,消除了双重征税,有利于缓解企业的税收压力。在此背景下,本书考察实施"一带一路"倡议对企业税负水平的影响,探究"一带一路"倡议影响企业税负水平的作用机制,并检验倡议实施后企业税负水平变化的经济后果。

第一,"一带一路"倡议可能通过增加监管、抑制避税来提高参与倡议企业的税负水平,也可能通过政策激励和税收协定来降低参与倡议企业的税负水平。本书使用 2009—2018 年中国 A 股非金融类上市公司数据对"一带一路"倡议对企业税负水平的影响进行双重差分估计。在此基础上,进一步从所有权性质、产业类型和税收征管强度三个方面对上述影响进行异质性分析,并进行了一系列稳健性检验。回归结果表明:首先,"一带一路"倡议的实施显著降低了参与倡议企业的税负水平，并且这种影响随时间推移而不断增强。其次，异质性分析表明"一带一路"倡议对企业税收负担的缓解作用在民营企业、地方国有企业、合作重点产业以及面临较高税收征管强度的企业中更显著。最后，在经过平行趋势假设检验、安慰剂检验、替换衡量指标、倾向得分匹配等稳健性检验后，上述结论依然成立。

第二，"一带一路"倡议可能通过债务税盾、非债务税盾与双边税收协定等政策激励机制或企业避税机制影响参与倡议企业的税负水平。本书以2014年开始实施的"一带一路"倡议作为一项准自然实验，以2009—2018年为样本期间，利用中国A股非金融类上市公司的数据进行分析。首先，从税费返还、债务税盾、研发税盾、投资税盾与双边税收协定五个方面检验"一带一路"倡议影响企业税负水平的政策激励机制。其次，从税负波动、融资约束与利润转移三个方面检验"一带一路"倡议影响企业税负水平的企业避税机制。最后，通过替换衡量指标、重新定义分组变量、增加控制变量与重新设定回归模型等方式对主回归结果进行稳健性检验。实证结果表明：首先，政策激励机制是导致参与"一带一路"倡议企业税负降低的主要原因，企业避税行为的影响不显著。其次，税费返还与投资税盾是缓解参与倡议企业税负的主要政策激励，债务税盾、研发税盾与双边税收协定等政策激励的作用不显著。最后，投资"一带一路"企业的母公司利润水平并无显著降低，不存在明显的以避税为目的利润转移行为。

第三，"一带一路"背景下企业税负水平的下降增加了企业税后现金流，这不仅使得投资者的期望报酬率与企业对债务融资的依赖程度发生改变，还影响着企业的投资决策。本书利用2009—2018年中国A股非金融类上市公司数据，从企业融资成本与投资决策两方面对"一带一路"倡议降低企业税负水平的经济后果进行研究，并从融资约束与盈余信息质量视角检验上述影响的异质性。回归结果表明：首先，"一带一路"倡议对企业税负的缓解作用有利于降低企业的债务融资成本与权益资本成本。当企业的融资约束较强、盈余信息质量较高时，这种作用更明显。其次，"一带一路"倡议对企业税负的缓解作用有利于增加企业的社会责任投资，提升企业的社会责任水平，并且这种促进作用还存在显著的正向同行溢出效应。相比于同行竞争者未参与"一带一路"倡议的国内企业，同行竞争者参与倡议的国内企业显著提升了自身的社会责任表现。

综合理论分析与实证结果，本书提出以下政策建议。首先，继续稳步推进"一带一路"倡议的实施，加强与沿线各国的经济合作。引导对外直接投资向高端制造业、高新技术行业与现代服务业等产业集聚，提升对外投资企业的资源配置效率。加强与共建国家在共同应对全球气候变暖、绿色治理、构建重大突发公共卫生事件协同治理体系、企业数字化转型等重大领域的双边与多边合作，共同促进开放型经济的高质量发展。其次，持续为参与"一带一路"倡议企业提供政策支持，提高企业参与全球市场竞争的积极性。加强对非国有企业的中长期信贷扶持，保障民营企业对外投资的资金需求，降低企业融资成本。落实"减税降费"政策，切实减轻企业的税收负担，降低境外经营成本，释放企业经营活力。最后，建立跨国税务信息共享机制，切实维护国家税收利益与对外投资企业的合法权益。加强与沿线各国税务机关的稽查合作，避免企业因利用投资"一带一路"机会进行境外避税导致母国税基侵蚀。通过合理利用共享税务信息避免双重征税问题，切实降低企业跨国经营的税收不确定性。

目 录

第一章 导论 ·· 001
  一、研究背景及意义 ·· 002
  二、研究思路、研究框架与研究方法 ······························· 006
  三、研究创新点与局限性 ··· 011

第二章 理论基础 ·· 015
  一、对外直接投资理论 ··· 016
  二、税收负担理论 ··· 018

第三章 文献综述 ·· 025
  一、中国企业对外直接投资相关文献 ······························· 026
  二、"一带一路"倡议相关文献 ······································· 036
  三、企业税负相关文献 ··· 040
  四、文献述评 ·· 045

第四章 "一带一路"倡议对企业税负的影响 ······················ 047
  一、研究假设 ·· 050
  二、研究设计 ·· 053
  三、结果分析 ·· 058
  四、小结 ·· 084

第五章 "一带一路"倡议影响企业税负水平的机制分析 ········ 087
  一、研究假设 ········ 091
  二、研究设计 ········ 095
  三、结果分析 ········ 101
  四、小结 ········ 121

第六章 "一带一路"倡议影响企业税负水平的经济后果 ········ 123
  一、研究假设 ········ 125
  二、研究设计 ········ 128
  三、结果分析 ········ 134
  四、小结 ········ 168

第七章 结论与政策建议 ········ 171
  一、主要结论 ········ 172
  二、政策建议 ········ 174

参考文献 ········ 177

第一章

导论

一、研究背景及意义

（一）研究背景

中国经济自改革开放以来蓬勃发展，取得了令人欣喜的成就。2010年，中国成为世界第二大经济体。中国经济的快速发展离不开贸易全球化：从"引进来"到"走出去"，我国吸引外资质量不断提升，对外直接投资（Outward Foreign Direct Investment，OFDI）规模不断扩大。2014年，我国的对外直接投资规模超过一千二百亿美元[①]，首次高于实际利用外商直接投资规模，成为净对外直接投资国。2015年，我国的对外直接投资流量超过一千四百亿美元，成为世界第二大直接投资流出国。次年，在全球对外直接投资流量同比下降近两成的背景下，中国的对外直接投资流量达到一千八百亿美元的历史高位。尽管此后国际直接投资规模明显减小，但中国仍持续发挥着拉动全球跨境直接投资增长的重要作用。2018年，中国对外直接投资流量超过一千四百亿美元，位列世界第二，对外直接投资存量上升至世界第三。事实上，对外直接投资数据的优异表现与"一带一路"倡议的扎实推进密不可分，"一带一路"建设质量的不断提高使我国对外直接投资流量始终保持在千亿美元以上规模。党的十九大报告明确提出要创新对外投资方式，加快培育竞争新优势。在此重要思想和中央稳中求进工作总基调的指引下，"一带一路"投资呈现出质量不断提升、结构进一步优化的新特点。

---

① 详情见中华人民共和国商务部发布的《中国对外投资发展报告2019》。

第一章 导论

习近平主席于 2013 年 9 月第一次提出要共同建设"丝绸之路经济带",又于同年 10 月提出建设"21 世纪海上丝绸之路"。"一带一路"倡议的实施受到了国际社会的热烈欢迎,其中,"共商、共建、共享"原则为应对复杂多变的国际形势、构建人类命运共同体贡献了中国方案。"一带一路"倡议覆盖了亚洲、欧洲与非洲的 64 个国家,约 44 亿人口,这些国家的经济总量约占全球经济总量的三成。"一带一路"沿线国家产业发展需求旺盛,基础设施建设存在较大缺口,市场购买力未得到完全释放,经济发展潜力巨大。在中国经济从高速增长转为高质量增长的新常态下,推动"一带一路"建设不断深化对缓解部分产业的产能过剩、促进本国企业的科技创新、推动产业升级有重大意义(王桂军和卢潇潇,2019a;2019b)。2019 年 3 月,李克强总理在政府工作报告中指出要继续坚持"三共"原则,让企业的主体作用更加突出,鼓励企业参与"一带一路"沿线国家的产业投资与基础设施建设(徐思等,2019;吕越等,2019)。截至 2019 年,中国已与世界一百多个国家和三十个国际组织签署了近二百份政府间合作协议,中欧班列运行对数稳步增长,对倡议周边国家的直接投资额累计达九百亿美元[①],亚洲基础设施投资银行等金融机构为"一带一路"项目建设提供资金支持,中国与沿线国家人文交流不断深入。政策沟通、设施联通、贸易畅通、资金融通、民心相通的"五通"发展成果丰硕。"一带一路"倡议的提出极大激发了中国企业"走出去"的积极性,增强了中国企业利用全球要素市场提升资源配置效率的能力。然而,"一带一路"沿线国家的经济发展水平、营商环境以及制度环境存在较大差异,这些因素使得对外投资企业的生产经营活动面临较高的不确定性(卢伟和李大伟,2016;陈胜蓝和刘晓玲,2018;李笑影和李玲芳,2018;徐思等,2019)。

中国对外直接投资的全球空间布局有明显的地域特征,投资主要流向香港、英属维尔京群岛和新加坡等地。对上述地区的投资流量占投资总流量的

---

① 数据来源于中国一带一路网(详情见 https://www.yidaiyilu.gov.cn/)。

75.9%，其中，仅对香港地区的投资流量就达总流量的58%[①]。企业利用这些"避税地"极其优惠的税收政策在全球范围内统筹资源分布，并以外商身份向中国投资，享受国内的税收优惠待遇。这表明中国企业的对外直接投资行为具有明显的避税和获取资源的倾向（王永钦等，2014），东道国税收环境是影响企业对外直接投资区位选择的重要因素（庄序莹等，2020）。中国对"一带一路"沿线国家的投资主要集中在新加坡、印度尼西亚和马来西亚等国。2018年，中国企业对上述国家的投资流量占当年对外投资流量总额的55.5%[②]。其中，对制造业、电力供应、科技服务等行业的投资增长较快，高质量投资显著增加。相比于英属维尔京群岛、开曼群岛等"避税天堂"，"一带一路"沿线国家并不完全具备避税地特征。

然而，一些沿线国家较低的法定税率与双边税收协定的签订等因素，使对外投资企业享受到了低税率和其他税收优惠政策带来的好处。一方面，东道国与我国在税制结构与税收环境上的差异提高了对外投资企业在全球范围内进行税收筹划的难度，增大了企业因未充分使用税收优惠政策或国际税收协定而承担的税收风险（庞淑芬等，2017；庄序莹等，2020）；国际反避税合作行动的开展抑制了跨国企业的境外避税行为。另一方面，投资产生的税法允许的税收抵扣项目、政府税收优惠以及税收协定规定的优惠税率等降低了对外投资企业的经营成本与税收压力（Chen等，2017；杨兴全等，2018；徐思等，2019）。因此，"一带一路"倡议的实施将不可避免地影响到对外投资企业的税负水平。

（二）研究意义

在中国与"一带一路"周边国家的经贸合作不断加深、对外直接投资结构与投资质量不断优化的背景下，税收因素逐渐成为影响企业对外直接投资过

---

① 详情见商务部、国家统计局和国家外汇管理局发布的《2020年度中国对外直接投资统计公报》。

② 详情见商务部、国家统计局和国家外汇管理局发布的《2018年度中国对外直接投资统计公报》。

程中财务决策的重要因素。在"一带一路"倡议实施的背景下，投资"一带一路"沿线国家是否影响企业的税负水平，以及该种影响的异质性、作用机制和经济后果等问题越来越受到政府与企业的关注。

1. 理论意义

本书丰富了对外直接投资经济后果的相关研究。该领域文献认为投资"一带一路"对缓解企业融资约束、推动母国就业、促进科技创新和产业升级有积极意义，本书通过检验"一带一路"倡议的实施对企业税负水平的影响丰富了这一领域的相关研究。已有大量研究证实企业利用对外投资机会进行税基侵蚀与利润转移。对于跨国企业而言，利用避税地进行利润转移的目的是降低企业税负、实现公司价值最大化。而伴随着"一带一路"倡议实施产生的对外投资体现出一定的国家战略属性，投资东道国并无明显的"避税地"特征。尽管从理论上看，企业参与"一带一路"倡议的避税动机较弱，但税收因素对经营成本的重要影响使得企业不得不考虑税收筹划的必要性。因此，从企业税负角度考察实施"一带一路"倡议对微观企业经营成本的影响，有利于进一步了解企业在对外投资过程中的资源配置效率问题。

本书拓展了"一带一路"背景下企业税收负担问题的相关研究。本书首先从所有权性质、产业类型与税收征管强度三个方面对"一带一路"倡议对企业税负水平的影响进行异质性分析。其次，从税费返还、税盾效应与双边税收协定三个角度检验导致企业税负水平变化的政策激励机制。同时，通过考察税负波动、融资约束与利润转移，检验"一带一路"倡议是否通过企业避税机制影响企业税负水平。在此基础上，考察税负水平变化对企业债务融资成本、权益融资成本以及企业社会责任投资的影响。这些理论与实证分析为"一带一路"倡议影响企业税负水平的作用机制与经济后果方面的研究提供了证据。

2. 现实意义

首先，本书对继续深化对外开放、推动对外投资的高质量发展有现实意义。"一带一路"倡议加强了中国与沿线各国的经济合作，在鼓励企业积极参与沿线国家基础设施建设与项目投资的同时，极大化解了部分行业国内产能过剩的风险。同时，本书对进一步降低对外投资企业的经营成本、激发对外投资企业经营活力有重要政策启示。本书研究发现"一带一路"倡议通过提供税费返还与投资税盾等政策激励显著降低了参与投资企业的税负水平。这说明"一带一路"倡议的实施有利于提升对外投资企业的资源配置效率，进而加速对外投资向高端制造业、高新技术行业与现代服务业等产业集聚。

其次，本书对中国积极参与多边税收信息互换、维护对外投资企业合法权益具有现实意义。近年来，跨国企业利用不同国家或地区间的税制差异，以及"避税天堂"的"超低税率"甚至"零税率"，在世界范围内进行利润转移以最小化税负，这些行为导致许多国家的税基受到侵蚀。在经济合作与发展组织提出税基侵蚀与利润转移行动计划这一背景下，我国相继签署了《多边税收征管互助公约》《对所得避免双重征税和防止偷漏税的协定》等多个重要文件。这一方面加强了税务部门对跨国企业境外税收信息的掌握，另一方面有效避免了中资企业在对外投资过程中被双重征税。本书研究发现企业对"一带一路"沿线国家的投资行为显著异于对"避税天堂"的投资行为，后者以避税为主要目的，而前者具有促进经济发展的重要战略意义。该结论有助于政府评估多边税收合作的实施效果，稳步推进"一带一路"税收服务工作的开展。

二、研究思路、研究框架与研究方法

（一）研究思路

本书以 2014 年开始实施的"一带一路"倡议作为一项准自然实验，研究该倡议对企业税负水平的影响及其异质性。在此基础上，探究"一带一路"倡议影响企业税负水平的作用机制。最后，考察参与"一带一路"倡议企业税负水平的变化对其债务融资成本、权益资本成本与社会责任表现的影响。具体来看，本书旨在通过理论分析和实证研究，厘清以下三个问题。

第一，"一带一路"倡议对企业税负水平的影响。一方面，部分"一带一路"沿线国家法定所得税税率较低，这为参与倡议企业利用税率差异进行跨国税收筹划提供了可能性。同时，我国政府在推进"一带一路"倡议实施的过程中对参与倡议企业给予了一定程度的政策支持与税收优惠，有助于降低企业的税收负担。另一方面，国家间反跨国避税联合行动的开展与多边涉税信息互换增加了企业利用对外投资进行税收筹划的难度，沿线国家间的税制差异与税收环境差异加大了企业的税收不确定性。参与倡议企业同时受到上述两方面因素的影响，其税负水平的变化方向难以直接观测，需要通过实证研究加以检验。

第二，"一带一路"倡议影响企业税负水平的作用机制。一方面，母国与东道国政府为对外投资企业提供了各种税收优惠政策（如税收返还与税费抵扣等）；同时，双边税收协定对避免双重征税有一定积极作用。此时，参与倡议企业税负水平的变化受到政府政策激励的影响。另一方面，企业可能利用各国税率差异，通过转让定价、操纵无形资产等方式将利润转移至低税率国家。此时，参与倡议企业税负水平的变化受到自身避税行为的影响。上述两种假说互为替代关系，需要通过实证检验加以区分。

第三，"一带一路"倡议影响企业税负水平的经济后果。投资"一带一路"企业税负水平的变化可能通过改变企业债务融资需求的方式影响企业债务融资成本。同时，这种税负变化通过影响企业预期未来现金流，或影响企业预期现金流与市场预期现金流间的协方差的方式影响企业权益资本成本。此外，参与倡议企业为了享受母国与东道国政府提供的优惠政策、获得母国与东道国利益相关者的长期支持，可能更重视社会责任表现以维护积极正面的企业形象。因此，本书从资本成本（筹资视角）与社会责任表现（投资视角）两个方面探究"一带一路"倡议影响企业税负水平的经济后果。

（二）研究框架

本书的研究框架如图 1-1 所示。

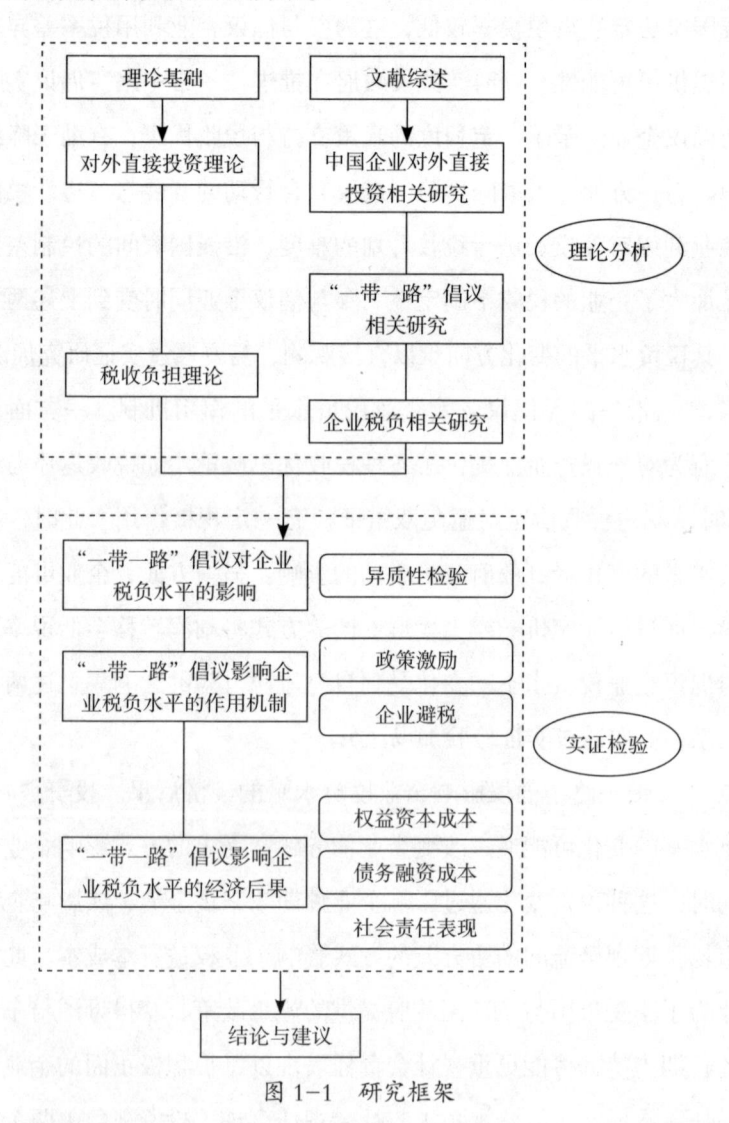

图 1-1 研究框架

（三）研究内容

本书包括理论分析、实证检验、结论与建议三个层次，共七章。

第一章为导论。首先从我国对外直接投资的发展现状出发，介绍中国企业

第一章 导论

参与"一带一路"建设取得的成果与面临的税收不确定性,进而提出研究"一带一路"倡议影响企业税负水平问题的理论意义与现实意义。其次,阐述本书的研究思路、研究框架与研究内容,以及主要使用的研究方法、可能的创新点与局限性。

第二章与第三章均为本书的理论分析内容。其中,第二章为理论基础,包含了本研究依据的主要理论。首先,详细阐述对外直接投资理论,包括发达国家与发展中国家的对外直接投资理论两个维度。其次,归纳税收负担理论,包括税收负担的基本内涵、西方经济学派的税收理论,以及企业税负相关理论。第三章为文献综述。本章对国内与国外的相关研究与已有文献进行总结,包括中国企业对外直接投资、"一带一路"倡议,以及企业税负等三个方面。具体地,本书从影响因素、区位选择和经济后果三个视角对中国企业参与对外直接投资的相关文献进行综述;从"一带一路"背景下的对外直接投资行为、影响因素与经济后果三个方面梳理与"一带一路"建设有关的研究;从企业税负水平的影响因素、税负变化的经济后果与"一带一路"背景下的税收问题三个视角归纳企业税收负担的相关研究。

第四章到第六章是实证检验部分。其中,第四章是"一带一路"倡议对企业税负影响的实证研究。本章将中国 A 股非金融类上市公司作为研究样本,利用双重差分法考察"一带一路"倡议实施后,参与倡议企业税负水平的变化情况。其次,从所有权性质、产业类型与税收征管强度三个方面进行横截面检验,考察"一带一路"倡议对企业税负水平影响的异质性。第五章是"一带一路"倡议影响企业税负水平的机制分析。本章从政策激励视角与企业避税视角探究"一带一路"倡议通过何种机制影响企业税负水平。首先,对税费返还、债务税盾、研发税盾、投资税盾与双边税收协定这五种政策激励进行机制检验。同时,从税负波动、融资约束与利润转移三个方面检验企业避税机制。第六章是"一带一路"倡议影响企业税负水平的经济后果的研究。本章旨在探究参与倡议企业税负水平变化对企业债务融资成本、权益资本成本以及社会责任投资的影响。从企业资本成本(筹资视角)与社会责任投资(投资视角)两方面对经济后果进行考察，有利于获得有关宏观经济政策影响微观企业行为与资源配置的相关证据。

第七章是研究结论与政策建议部分。本章以前文中的理论分析与实证检验为基础，对本书的主要结论进行归纳总结，并提出符合实际情况的政策建议。

（四）研究方法

本书主要采用了如下方法研究"一带一路"倡议对企业税负水平的影响。

1. 规范分析与实证分析相结合的方法

定性规范分析方面。本书首先对中国企业对外直接投资决策、"一带一路"倡议与对外直接投资、税负变化的影响因素与经济后果等领域的国内外文献进行全面梳理，构建已有文献的框架体系。同时，重点归纳总结与所研究主题相关的重要理论，包括对外直接投资理论与税收相关理论。在此基础上，将本书研究嵌入现有理论框架中，并提出相应的研究假设。

定量实证分析方面。本书借鉴相关文献，进行重要概念界定、模型设计与变量定义。同时，根据指标使用广泛性与数据可获得性，确定关键变量度量方法与样本期间。研究数据主要来源于国泰安数据库、万得数据库、中国一带一路网站与商务部网站，部分数据由手工搜集整理得到，并采用 Stata16.0 进行数据处理与分析。采用双重差分法对研究假设进行实证检验，使用倾向得分匹配法、替换指标、剔除特定样本等方法检验实证结果的稳健性。

2. 文献研究法

对外直接投资理论于 20 世纪 80 年代被提出，主要聚焦发达国家对其他国家进行直接投资的动机与区位选择等问题。随着新兴经济体的快速发展，发展中国家吸收外商投资与对外直接投资规模不断增长。在此过程中，发展中国家的对外直接投资理论初具雏形。本书从新兴经济体企业对外直接投资的角度梳理了对外直接投资理论发展的脉络。已有的关于中国企业对外直接投资决策的研究主要关注宏观经济与国际贸易领域，而在对外直接投资行为如何影响微观企业税负水平方面，相关的实证证据尚不丰富完整。因此，本书进一步归纳总结了中国企业对外直接投资、"一带一路"倡议与对外直接投资，以及企业税负的影响因素与经济后果等相关文献，一方面构建理论框架，另一方面寻找可以进一步深入分析的研究话题。

3. 对比分析法

在理论分析阶段，本书比较了发达国家对外直接投资与发展中国家对外直接投资的相关理论，分析了两者在动机、区位选择及经济后果方面的异同。在实证检验阶段，本文比较了参与"一带一路"倡议与未参与倡议企业间的特征差异以及企业参与"一带一路"倡议前后税负水平的变化，分析了税负水平变化对企业债务融资成本与权益资本成本的影响以及企业参与"一带一路"倡议对同行竞争者的影响。此外，横截面检验对比分析了宏观经济政策对微观企业影响的异质性，有助于进一步把握宏微观联动对资源配置效率的影响。

三、研究创新点与局限性

本书以我国实施的"一带一路"倡议作为外生冲击，探究实施"一带一路"倡议对企业税负水平的影响、作用机制与经济后果。本书可能的创新点与贡献以及研究存在的局限性体现在如下几个方面。

（一）研究创新点与贡献

本书的研究有以下三个方面的创新点与增量贡献。

第一，本书研究发现了"一带一路"倡议对企业税负水平的影响，丰富了"一带一路"倡议经济后果的相关研究，深化了对发展中国家对外直接投资理论的理解。已有研究主要考察"一带一路"倡议对国家风险与发展战略、研发创新与产业升级，以及全要素生产率等方面的影响。而本书聚焦对外直接投资的主体——"走出去"企业,探究"一带一路"倡议如何影响参与倡议企业的税负水平。实证结果表明,"一带一路"倡议的实施显著降低了参与投资企业的税负水平,且这一影响存在异质性。相比于国有企业、中央国企、非重点产业和母公司所在地税收征管强度较弱的企业,民营企业、地方国企、重点产业和母公司所在地税收征管强度较强的企业在参与"一带一路"建设后,税负水平下降更明显。上述结论说明我国推进的"一带一路"建设对鼓励企业对周边国家直接投资、降低参与倡议企业的税负水平有积极作用。

第二,本书研究发现参与倡议企业的避税行为不显著,这丰富了"一带一路"背景下企业避税问题的相关研究。现有研究主要关注税收因素如何影响企业对外直接投资的区位选择,以及税收因素如何影响对外投资企业的税基侵蚀和利润转移行为。文献认为中国的对外投资具有明显的避税倾向,且东道国的税收环境显著影响我国企业对外投资的区位选择。尽管已有研究从税制差异角度,对中国企业投资"一带一路"沿线国家面临的税收风险进行了比较分析,但这些研究多以理论分析和案例分析为主。本书以实证检验的方式考察投资"一带一路"对企业税负水平的影响及其作用机制,结果表明:政府的政策激励,而非企业自身的避税行为是参与倡议企业税负水平降低的主要原因。上述结论说明企业对"一带一路"沿线国家的投资行为显著异于对"避税天堂"的投资行为,后者以避税为主要目的,而前者具有促进区域经济发展的重要战略意义。

第三,本书对进一步降低对外投资企业的经营成本、激发企业经营活力提供了政策启示。随着中国经济参与全球化的程度不断加深,低成本竞争优势逐渐减弱,技术创新与产业升级成为推动经济持续高质量发展的内在动力。在此背景下,中国实施的"一带一路"倡议有效化解了国内部分行业的产能过剩危机,促进了中国企业的研发创新、提升了企业的全要素生产率。政府为"走出去"企业提供了一系列税收优惠政策,税费返还和投资税盾等政策激励有效降低了参与倡议企业的税收负担。同时,参与倡议企业税收负担的缓解有利于进一步降低企业的债务融资成本与权益资本成本,提升企业自身与其同行竞争者的社会责任表现。这有利于企业将有限的资源配置到研发和生产等关键环节，进一步释放经济增长动能。更低的税收负担与资本成本还有利于优化对外投资结构，持续提升对外投资质量。

（二）研究存在的局限性

本书的研究还存在以下两方面的局限性。

第一，影响企业税负水平的因素。对于跨国企业来说，其税负水平不仅受到母国税制与税收征管强度、东道国税收环境、母国与东道国间的双边税收协定的影响，还受到企业自身经营过程中的成本收益状况与国际税收筹划策略的影响。尽管本书试图从政策激励与企业避税两方面考察"一带一路"倡议对企业税负影响的作用机制，并在回归模型中加入了多个层面的控制变量以及控制了东道国、年度和省份固定效应，但这仍然不能排除东道国制度环境差异等其他因素对本书观测结果产生影响的可能性。此外，企业在不同东道国投资规模的差异也可能对其税负水平产生影响。由于本研究缺乏企业在"一带一路"沿线各国的直接投资额数据，回归结果可能存在一定偏误。

第二，研究结论的普适性。从样本企业看，本书选取A股非金融类上市公司为研究对象，并根据企业名称将其与商务部《境外投资企业（机构）名录》中的企业进行匹配。这种匹配方式可能造成一部分参与"一带一路"倡议的非上市公司的税负变化情况无法得到观测。从样本期间看，本书选取政策实施前后五年的数据，样本期间截止到2018年。而"一带一路"倡议作为一项将在未来长期实施的重要国家战略，其对企业税负水平的影响可能随着观测期长度的变化而表现出不同的特点。例如，2018年开始，中美贸易战不断升级；2020年，美国总统大选后中美关系不确定性增大；2021年，气候变化议题获得更多关注。这些外部环境的巨大改变对中国乃至全球的经济发展带来极大挑战。因此，对文本结论的解读需要综合考虑样本期间内的国家税收政策、经济发展状况以及国际经济与政治环境。

第二章

理论基础

本章对研究依据的基本理论，包括发达国家与发展中国家对外直接投资理论，以及西方税负理论与企业税负相关理论等进行梳理与归纳。

一、对外直接投资理论

学者们通常把20世纪60年代麻省理工学院的斯蒂芬·海默教授在其博士论文中提出的垄断优势理论作为国际直接投资理论的发端，海默教授指出企业对市场的垄断是跨国企业的重要竞争优势来源（Hymer，1960）。随后，越来越多西方学者尝试从不同角度解释企业向特定国家直接投资的行为。本节从发达国家对外直接投资相关理论和发展中国家对外直接投资相关理论两个维度对现有理论进行归纳。

（一）发达国家对外直接投资理论

产业组织理论。与海默教授的垄断优势理论类似，产业组织理论认为跨国公司进行对外直接投资的主要原因是他们拥有独特的技术、管理、融资和销售优势，在与东道国企业竞争时有能力以较高的垄断价格和利润水平使市场处于不完全竞争状态。该理论强调市场的不完全竞争属性，重点分析微观企业的组织结构和组织行为（江小涓和杜玲，2001）。

产品周期理论。该理论由美国学者维农（Vernon，1966）提出，他将产品周期划分为新阶段、成熟阶段和标准阶段。不同产品阶段对企业的区位选择、出口与生产决策产生动态影响，各国在某一阶段的技术水平的差异导致了该国企业的对外投资。

市场内部化理论。该理论由英国学者巴克莱、卡森以及加拿大学者拉格曼一同提出。这一理论关注由市场组织成本导致的中间产品市场缺陷，即当市场交易成本过高时，企业利用内部市场进行交易活动以降低交易成本。当内部市场经济活动在不同国家展开时，跨国公司出现（Buckley & Casson, 1976; Rugman, 1981）。

国际生产折中理论。该理论由英国学者邓宁提出，他认为企业进行国际投资的主要驱动因素包括所有权优势、内部化优势和区位优势。外部不确定性的存在使得企业通过对外直接投资或市场交易将这些优势转移到海外分支机构的交易成本非常高，而通过内部化将自身优势向外转移的方法可以获得高于市场交易所得的收益。只有当企业同时具备这三个优势，即处于"所有权、内部化和区位"模式时，才会进行对外直接投资（Dunning, 1975）。

比较优势理论。该理论由日本学者小岛清提出，也称为边际产业扩张理论。小岛清指出投资国企业应该从已经或即将处于比较劣势的产业开始按顺序进行对外直接投资活动，投资东道国应该是该产业仍然具备比较优势的国家（Kojima, 1978）。此外，他还将对外直接投资归类为自然资源导向型、市场导向型和生产要素导向型。东道国的自然资源禀赋、市场环境与生产要素对母国企业投资区位的选择有着重要影响（许罗丹和谭卫红，2004）。

（二）发展中国家对外直接投资理论

投资发展周期理论。这一理论在20世纪80年代由英国学者邓宁提出，是国际生产折中理论在发展中国家的拓展。该理论的核心观点是发展中国家的对外直接投资决策在很大程度上受到该国所属的经济发展阶段以及拥有的所有权、内部化和区位优势等条件的影响。一个国家的对外投资能力与人均国民生产总值成正比，对外投资规模不仅与经济发展水平相关，还受到该国政治、法律、教育、科研水平等因素的影响（Dunning, 1981）。

小规模技术理论。该理论由美国学者威尔斯提出（Wells, 1983），从三个方面阐述了发展中国家跨国公司的比较优势。第一，发展中国家小规模生产技术的劳动密集且灵活的特点适应小市场的需求。第二，发展中国家拥有独特的当地生产性资源。第三，发展中国家的产品具有物美价廉的特点，价格优势突出。这一理论将发展中国家跨国企业的优势与国家本身的市场特征有机结合，但该理论同时认为发展中国家跨国企业处于国际生产的边缘地带，所谓的技术创新只是对已有技术的继承性使用（鲁桐，2000）。

技术地方化理论。该理论由英国学者拉奥提出，相比于小规模技术理论，这一理论更强调跨国企业的竞争优势来源于企业的研发创新。发展中国家引进发达国家的先进技术，然后改良并创新，最终形成自身的比较优势（Lall, 1983）。具体来看，比较优势体的形成条件主要有：第一，技术知识在要素质量与价格不同的发展中国家实现当地化；第二，对产品进行技术改造使之满足不同市场需求的研发创新；第三，在小规模生产条件下形成的科技创新展现出更大经济收益；第四，通过打造差异化产品形成与知名品牌竞争的能力。

技术创新产业升级理论。该理论是在20世纪80年代发展中经济体对外直接投资快速增长、投资目的地拓展至发达国家这一背景下由英国学者坎特韦尔和托兰惕诺共同提出的（Cantwell & Tolentino, 1990）。该理论包括以下重要论断：首先，发展中经济体企业科技创新能力的持续增强促进了产业结构升级；其次，发展中经济体企业研发创新能力的提高与其对外直接投资水平的快速增长有直接联系。得出的结论是：发展中经济体进行对外直接投资的产业与区位分布随时间变化而改变，且可以被预测。

二、税收负担理论

税收负担是税收经济学研究的一项重要内容。本节将从税收负担的基本内涵、西方经济学派的税收理论，以及企业税负相关理论三个方面对税收负担理论进行归纳总结。

第二章 理论基础

（一）税收负担的基本内涵

税收负担的经济含义。税负是纳税人在一定时期内因缴纳税款而实际承受的经济负担，是纳税人因为国家征税而蒙受的经济损失。税负体现了在一段时间内纳税人和政府之间的利益分配关系。国际上通常用税收占国内生产总值（GDP）的比重表示国家层面的宏观税负。由于中国预算收入制度的特殊性，非税收收入在一定程度上扮演着税收收入的角色。因此，中国的宏观税负用税收收入、财政收入与预算外收入分别占 GDP 的比重进行衡量。与宏观税负相对应的则是微观企业税负，它表示企业在一定时期内因缴纳税款而实际承受的经济负担。尽管在向政府缴纳税款时，企业是纳税主体，但其可以通过特定途径将部分或全部税款转嫁至其他经济主体。此时，企业面临直接税负，但不是负税主体；其他经济主体面临间接税负，是最终负税主体（安体富和孙玉栋，2006；郭江，2014）。

税负的影响因素。第一，经济因素。影响税负水平的最重要因素是经济发展水平。当经济发展水平较高时，纳税人对税收的承受能力较强。经济运行质量是影响税负水平的另一个重要因素，可以用投资效率与资产增值能力来评判。当投资效率比较高、资产增值能力比较强时，税收来源也相应增加，整体经济对税负的承受能力也较强。此外，经济结构也会影响税负水平。盈利能力强的产业部门占国民经济的比重越高，整体经济承受税负的能力越强。第二，制度因素。税收制度，包括税制结构、税种、税率以及税收优惠等的合理性直接影响税收负担。经济政策与征税方式的变化也会对税负产生影响。第三，征管能力。税收征管水平越高，税收流失越少；税收征管效率越高，实际税收收入越多，宏观税负水平越高。第四，政府职能。政府职能越多、政府干预经济越多，对税收收入的需求越大，宏观税负水平越高（郭江，2014）。

（二）西方经济学派的税收理论

古典经济学派的税收理论。这一学派的代表人物包括威廉·配第、亚当·斯密、大卫·李嘉图和庇古等人，他们认为经济发展需要靠市场这只"看不见的手"，反对政府干预经济。其税收理论的主要内容包括：税收不能削弱资本；税收收入来源于土地、利润和工资；"公平、确实、便利和征收费用最小"的税收四原则；税负转嫁与归宿论等。他们主张平等分摊税负与税负最小，这与资本主义早期经济发展相适应（刘飞鹏，1995；曾康华，2011）。

凯恩斯学派的税收理论。该理论产生的背景是资本主义国家陷入经济衰退危机、失业问题严重。因此，政府干预，特别是政府运用税收与财政政策调节经济十分重要。其理论的主要内容包括：税负水平变化可以调节社会总供给与总需求、保持经济平稳运行；国家针对所处经济周期或经济运行情况的差异适时抉择，改变整体税收负担；使用超额累进税率调整税负水平等。这些论点突破了传统理论认为的税收是筹集财政收入的手段这一单一思想，但只在总供给不变的前提下，运用税收政策调节总需求（刘飞鹏，1995；曾康华，2011）。

供给学派的税收理论。与凯恩斯学派税收理论将总供给视为不变不同，供给学派认为总供给是变化的，宏观政策应该重点关注供给调节。其税收理论的核心主张是减税，通过降低（边际）税率增加供给、促进经济增长。主要内容包括：通过减税提高资产报酬率、增加储蓄与投资；通过减税提高劳动生产率、增加产品与劳务要素的供给；通过减税提高劳动者的实际可支配收入、刺激消费；通过减税抑制通货膨胀、增加产品出口。此外，该理论将"拉弗曲线"作为减税政策的理论依据。拉弗曲线通过描述税收与税率的关系，确定了最佳税负水平；在这一临界点前提高税率能相应增加税收收入（刘飞鹏，1995；曾康华，2011）。

最优课税理论。该理论十分重视资源配置效率与收入分配公平问题，前提假设是个人偏好需要明确表示、生产技术可以获得连续收益以及市场是完全竞争的。主要关注在政府公共支出不能使用一次性总付税的情形下，通过最优税收组合最小化税收对经济的扭曲效应。当存在税收扭曲时，应该对要素进行差异化征税，使税率与税基的价格弹性反向变动。（刘飞鹏，1995；曾康华，2011）。

（三）企业税负相关理论

企业税负水平的变化可能受到税法和政府政策的影响，也可能与企业自身避税行为相关。现有理论主要从委托代理、资本结构与融资顺序三个角度对企业税收筹划和避税活动展开讨论与分析。

第一，委托代理理论。这一理论起初在20世纪30年代由美国学者伯利和米恩斯（Berle & Means，1932）一同提出，主要聚焦非对称信息博弈下的委托代理关系。在这种关系中，委托人根据特定契约赋予代理人某种决策权，并依据其服务质量给予相应报酬。契约签订前信息不对称的情况可能导致逆向选择，契约签订后的信息不对称可能产生道德风险。在委托人–代理人关系里，委托人期望财富最大化，而代理人期望自身效用最大化，两者间的利益冲突导致了委托代理问题的形成。经营者（代理人）拥有更多关于企业的私有信息，更有可能为谋求私利而做出损害所有者（委托人）利益的行为，引发第一类代理问题。当股权结构高度集中时，控制权与现金流权的分离使大股东产生侵占中小股东利益的动机，引发第二类代理问题。

企业的避税行为也会引发委托代理问题。当企业激进避税时，通常采用复杂且透明度较低的交易活动以避免监管当局的审查。这些透明度低的避税行为极大加深了信息不对称程度，同时，代理人可能利用此机会谋取私有收益（Crocker & Slemrod，2005；Desai & Dharmapala，2006；陈冬和唐建新，2012；Balakrishnan et al.，2019）。简森和梅克林（Jensen & Meckling，1976）认为代理问题产生于经理人拥有的小于企业100%的所有权，以及信息不对称。前者降低了薪酬业绩敏感度、削弱了对经理人的激励，后者引发了内部人的自利寻租行为。综上所述，学界普遍认为避税活动加剧了信息不对称，不利于对代理人监督机制的有效实施，增加了代理成本（Chen & Chu，2005；叶康涛和刘行，2014）。

第二，MM理论。该理论由美国经济学家莫迪格利安尼和米勒于1958年提出，核心观点是在不存在公司所得税这一前提下，企业的市场价值与资本结构没有相关性。该定理的成立需要满足两个基本假设：其一，公司产生的现金流不受融资方式的影响；其二，市场是完备的。然而，上述假设在现实经济条件下很难得到满足。首先，资本结构影响企业现金流。借款利息具有税收抵扣作用，而分配给投资者的股利则不能抵扣税款。借款有固定偿还期限，债务违约会产生额外的成本甚至引发破产风险。其次，市场存在交易成本，这导致投资者的借款利率与公司借款利率间存在差异。此时，投资者无法用个人贷款替代公司贷款以达到最优财务杠杆水平。随后，修正的MM理论将公司税引入企业价值的计算，认为债务利息的节税功能使得债务融资比权益融资更能提高公司价值。权衡理论则进一步考虑了负债过多可能带来的财务困境支出。因此，在这一理论中，企业价值等于完全权益融资时的企业价值、利息支出的税收节约现值和财务困境成本的现值三者之和（Robichek & Myers，1966）。

当考虑公司税时，债务利息的节税作用在公司价值的计算中十分重要。税收因素和资本结构的关系受到学术界越来越多的关注。一方面，负债具有节税功能，更高的负债比率能带来更显著的节税效应，并且负债形成的财务杠杆可以提高权益资本收益。另一方面，负债比率过高将增加企业的财务风险成本。当负债成本大于息税前投资收益时，债务融资会产生负杠杆效应。反之，企业税率越高，利用债务融资获得的节税收益越大，企业税后债务资本成本越低。因此，若企业预期税率提高，将更多选择债务融资方式以降低税负水平。然而，当负债融资的节税价值低于债权人的缴税成本时，债权人提供资金的意愿降低，导致企业难以继续进行债务融资（宋献中，2001）。

第三，融资优序理论。该理论由迈尔斯和麦勒夫（Myers & Majluf，1984）提出，是在兼顾信息不对称问题和交易费用的基础上对MM理论的进一步拓展。内源融资主要是指企业利用内部形成的现金流进行投资，内部现金流来源于企业获得的利润与折旧和股利的差值。使用内部现金流避免了各种市场交易成本与契约成本，相比于其他外源融资方式，内源融资是公司首选的融资方式。当企业内源资金不足时，债务融资以其相对较低的融资成本成为公司融资的第二顺位选择。当公司股票价值被高估时，管理层利用其私有信息发行新股，而投资者能够认知到这种信息不对称。因此，发行新股会使投资者调低对该股票的估值，进而导致企业市场价值下降。综上，通过发行股票的方式进行权益融资是企业最后的选择。

此外，融资约束对企业税收筹划行为的影响也受到了学术界的广泛关注（Law & Mills，2015；Edwards et al.，2016）。研究认为面临较高融资约束的企业很难通过外源融资的方式获得投资资金。此时，避税可以被视为一种替代性的内源融资方式。避税增加了企业的税后现金流，为融资约束较高企业的投资活动提供了资金支持（Jacob，2022）。

综上所述，国内企业选择投资"一带一路"沿线国家一方面是科技创新能力提高所产生的产业发展需求导致的，符合发展中国家对外直接投资理论中与对外投资区位选择与产业布局相关的论断。此时，企业的对外投资决策受到市场这只"看不见的手"的影响，企业相机制定税收筹划策略以降低自身税负水平。另一方面是企业参与"一带一路"倡议受到国家政策影响。此时，产业政策、税收优惠政策等扮演"扶持之手"的角色，政策激励成为影响企业税负水平的重要因素。

第三章

文献综述

一、中国企业对外直接投资相关文献

随着越来越多的新兴经济体国家参与对外直接投资活动,学者们逐渐开始关注传统的发达国家对外直接投资理论在发展中国家是否成立,他们对这一领域的探索极大扩展了对外直接投资的理论框架。中国作为第一大发展中经济体,其庞大的对外直接投资体量对东道国及相关国家的经济发展有着重要影响。已有的关于中国企业对外直接投资的文献主要包括对外投资的影响因素与动机、对外投资的区位选择以及对外投资的经济后果等方面。本文主要研究"一带一路"倡议对参与投资企业税负水平的影响,因此,本节文献综述主要从中国企业对外直接投资决策的影响因素、区位选择与经济后果等视角对现有文献进行总结。

(一)企业对外直接投资的影响因素

现有研究提供了许多关于中国企业参与对外直接投资影响因素的证据。研究发现母国的经济与制度环境、东道国的经济与制度环境、双边关系以及企业内部因素均对中国企业对外直接投资决策产生重要影响。

1. 母国因素

第一,国家特定优势。一种是政府选择优先发展某些产业与相关企业,率先在这些领域形成行业优势、区位优势与内部优势,即加速发展方式。另一种是政府通过制度安排与政策支持帮助一些企业跳过某些环节,直接参与国际化竞争,实现超速发展,即跳跃发展方式(裴长洪和樊瑛,2010)。具体来看,

第三章 文献综述

母国国家特定优势包括：首先，母国行业优势。若优势企业达成互惠合作，则不仅有利于全行业企业实力的提升，还有利于该国在行业标准的制定中占据有利地位，优势行业中的企业在对外投资过程中将拥有更强的国际竞争力。其次，母国规模优势。母国较大的经济规模与市场容量更容易实现企业内部的规模经济与行业的外部规模经济。大国有更强的抵御外部风险冲击的能力、更多的异质性人力资源、更大的资本总量与更多层次的技术体系。这有利于满足对外投资企业的资金需求，实现对外直接投资的产业多样化。再次，母国区位优势。包括国家的自然、经济与制度环境，以及母国在区域经济一体化中的地位。如果母国经济发展水平高于周边国家且参与多个区域经济共同体，则其对周边国家的投资成本更低，更容易享受经济一体化带来的规模经济、产业集聚与更高的科技竞争力。又次，母国组织优势。主要表现为政府对特定行业进行政策扶持，建立投资促进体系，从组织规划与投资支持两方面促进对外直接投资企业竞争优势的形成。最后，其他特定优势。母国传统文化、国际形象、国际规则影响力与国际组织参与度等因素对企业对外直接投资的竞争力有着重要影响（裴长洪和郑文，2011）。

第二，产能过剩。竞争性产能过剩。经济周期性波动导致市场需求变化，而企业为避免调整生产形成的调整成本，不会立刻改变要素持有量，这使正常的要素投入在衰退期表现为产能暂时过剩。竞争性产能过剩是企业在考虑经济波动与市场预期需求后的理性选择，在当期不是企业进行对外直接投资的内在动力（耿强，江飞涛和傅坦，2011）。体制性产能过剩。金融政策、政府补贴、信贷安排长期向国有企业偏倚等因素扭曲了要素价格，导致体制性产能过剩（刘西顺，2006；周黎安，2007；江飞涛和曹建海，2009）。企业可能通过对外直接投资化解国内需求不足与产能过剩的矛盾（王自锋和白玥明，2017）。

第三，集聚优势。产业集聚形成的竞争优势是企业成功"国家化"的基础（Porter，1990）。相比于个体企业参与国际竞争，以竞争力较强的产业为整体参与国际竞争具有更大的规模优势与技术优势。企业间分工合作形成的规模优势与多样化优势降低了交易成本与信誉风险，成为对外直接投资的重要竞争力。例如，上下游企业或相关产业中的企业以分工协作的方式共同参与对外直接投资，有利于提高投资效益（戴翔等，2013）。另外，行业中的"领头羊"企业往往以其领先的资产规模与销售收入在行业内占据支配地位，并对行业内其他企业的生产经营产生影响，即行业集中度效应。

第四，廉价资金支持。郭杰和黄保东（2010）研究发现中国对外直接投资高速发展的主要原因是"走出去"企业可以获得国内廉价资金的支持。中国以银行借贷主导的间接融资体系是企业对外直接投资的主要资金来源，但信贷分配在国有企业与民营企业间失衡严重，这导致国有资本与民营资本的对外投资回报率差异较大。因此，中国对外投资水平受到国家总储蓄规模、经济发展水平与开放程度的共同影响（Allen et al.，2005；Morck et al.，2008）。

第五，制度约束。博伊索特和迈耶（Boisot & Meyer，2008）发现中国的制度缺失和地方保护主义提高了企业在省际间经营的交易成本，而跨国经营则会降低企业的交易成本，对外直接投资具有比较制度优势。在新兴经济体中，国有企业的对外投资是政策驱动的，而民营企业的对外投资是制度逃离动机所致（Luo et al.，2010）。法制环境较差、政府干预严重、要素市场发育程度较低、资源配置不合理等正式制度约束使得企业有动机进行制度逃离型国际化（宋渊洋和黄礼伟，2014；Stoian & Mohr，2016）。李新春和肖宵（2017）发现中国的正式制度约束与关系文化这一非正式制度约束均对民营企业的对外直接投资产生重要影响。政治关联削弱了这一影响，而更强的创新能力增加了民营企业逃离制度约束、成功实现对外直接投资的可能性。

2. 东道国因素

第一，制度环境与制度风险。新兴经济体国家企业的对外直接投资决策显著受到投资目的国制度环境的影响，投资目的国的制度环境风险可能造成投资企业的资产损失，增加企业的对外投资成本（Luo et al.，2010）。东道国制度环境决定了外来投资企业的经营不确定性程度，健全、透明、法律完善的制度环境能吸引更多投资（潘镇和金中坤，2015）。相反，政府腐败增加了企业在当地直接投资的风险，减少了外资流入（Javorcik & Wei，2009）。东道国的政权稳定性与监管水平将影响企业是否进入某一市场的决策，但不影响企业在这一市场的投资规模（蒋冠宏和蒋殿春，2012）。政治制度与经济制度的差异显著降低了发展中国家吸引中国对其直接投资的能力，而发达国家的这种差异则不会产生显著影响（冀相豹，2014）。稳定的双边政治联系能弥补投资目的国制度缺失对企业对外直接投资带来的负面影响，减少双方的制度阻碍，并且这种互补关系在制度环境较差的目的国中更为显著（刘晓光和杨连星，2016）。

第二，贸易保护与反倾销。东道国贸易保护不利于企业出口获利，从而促进了企业对外直接投资（Helpman，1984）。霍斯特曼和马库森（Horstmann & Markusen，1987）发现反倾销等贸易保护主义行为提高了出口企业的成本，当这一成本超过企业直接在东道国投资设厂的成本时，企业就会选择对外直接投资。杜凯等（2011）认为当为节省关税和避免反倾销调查的成本大于对外直接投资的边际成本时，企业会选择进行对外直接投资。杜凯和周勤（2010）发现东道国的反倾销调查数量越多、关税水平越高，中国企业对该国直接投资的规模越大。这一结论说明企业对外直接投资具有跨越贸易壁垒的特征。李猛和于津平（2013）发现反倾销调查触发了企业的反倾销跨越动机，增加了对外直接投资。然而，如果企业的优势主要来源于国家特定优势，这些优势的不可转移特征会使企业无法通过在东道国进行直接投资而规避反倾销（Belderbos et al.，2004）。

第三，劳工标准。罗德里克（Rodrik，1996）的研究未发现美国的对外投资受到了东道国低劳工标准的吸引，不论东道国是发达国家或发展中国家，这一结论始终成立。类似地，库切拉以及布塞和博朗的研究也未发现企业对外直接投资受到投资目的国低劳工标准的吸引（Kucera，2002；Busse & Braun，2002）。与之相反，祁毓和王学超（2012）发现中国企业更倾向于在劳工标准较低的国家进行对外直接投资，当发达国家的劳工标准较高、发展中国家的劳工标准较低时，中国企业在上述地区的直接投资更多。东道国劳工标准直接影响企业对外直接投资的风险和人力成本。

3. 外部环境与双边关系因素

第一，双边投资协定。布塞等（Busse et al., 2010）指出双边投资协定显著提升了发展中经济体获取发达经济体直接投资的能力；同时，协定与东道国制度环境互为替代关系。宗芳宇等（2012）认为双边投资协定有利于增加企业在缔约国的直接投资活动，协定弥补了东道国制度环境较差导致的投资者利益受损。张中元（2013）认为双边投资协定对对外直接投资的促进作用只存在于当投资流向投资存量规模较大的经济体时。只有当东道国制度质量低于门槛值时，双边投资协定才对直接投资产生显著的促进作用（邓新明和许洋，2015）。

第二，区域贸易协定。区域贸易协定通常包括消除资本流动壁垒、减少外国投资者活动限制、实现服务自由化等条款，有助于降低投资成本和吸引外商直接投资（Davis，2011）。林梦瑶和张中元（2019）认为区域贸易协定包含的提高竞争合作水平的条款通过优化东道国经营环境与提升监管质量增加了缔约国双方对外商直接投资的吸引力。

第三，双边政治关系。稳定常态化的双边政治往来有利于双边政治互信、双边经济合作与母国企业的对外直接投资，是对新兴经济体高制度风险的一种取代性制度安排（潘镇和金中坤，2015）。文献认为政治关系对中国对外直接投资的规模存在显著的积极影响（张为付，2008）。短期高层互访与友好城市交流促进了企业对外直接投资的多元化，而双边关系摩擦可能对企业的对外直接投资活动有消极影响（杨连星等，2016）。双方的良好政治往来能减少东道国制度差异的阻碍，提高企业对外投资的合法性（刘晓光和杨连星，2016）。

第四，腐败距离。当东道国的权力监督机制存在缺陷时，市场机制不能为跨国投资企业通过提升技术创新能力构建竞争优势提供动力，企业更可能遵循某些隐性规则（如腐败），以此作为所有权优势不足的替代性激励（Xu & Meyer, 2013）。研究发现企业倾向于投资与母国腐败程度较接近的东道国（Habib & Zurawicki, 2002）。然而，胡兵和邓富华（2014）发现腐败距离对中国企业对东道国投资的进入决策无明显影响，中国企业在对外投资时并不十分关注东道国的腐败程度。

4. 企业内部因素

第一，企业特征差异。蒋冠宏（2015）提出企业直接投资高收入国家的行为不能完全说明其生产率更高，而效率较高的企业更有可能进行科技研发投资；企业投资更多中低收入国家的做法不一定能提升自身的生产率。进一步地，李磊等（2017）指出公司生产率、劳动力资源、资本集中度和企业年龄对第三产业企业的对外直接投资行为有显著的正向影响。

第二，融资约束。融资约束不仅削弱了非国有企业参与对外直接投资的意愿与动机，也不利于非国有企业增加境外投资规模（王碧珺等，2015）。进一步地，刘莉亚等（2015）验证了融资约束对中国企业的对外直接投资活动有负面作用。当企业对外部融资依赖程度较高时，这种约束作用更强。而对于全要素生产率更高的企业，融资约束的抑制作用更小。

第三，套利动机。市场套利表现为市场不完备、汇率波动、金融危机等不确定性因素造成海外企业价值被低估，企业利用这种资产价格差异进行投资（张海亮等，2015）。研究发现套利动机的存在使中国企业对预期投资价值小于投资成本的项目进行投资。矿产资源型国企的制度套利，造成投资区域集中；期现套利造成投资行为投机化与过度投资；其市场套利加剧国有企业间的竞争性投资，增大了投资风险。总体来看，套利动机与企业对外直接投资呈正相关关系。

（二）企业对外直接投资的区位选择

东道国制度环境。制度理论认为发展中国家可能因制度逃逸动机对高治理水平国家进行投资（Witt & Lewin, 2007; Shi et al., 2017），也可能因相似的治理水平向制度环境较差的国家投资（Hu & Cui, 2014）。组织学习理论认为企业会在对外投资过程中不断学习，逐渐减少对低治理水平和高政治风险国家的投资（Johanson & Vahlne, 2009）。王泽宇等（2019）发现在初始投资阶段，母国治理水平、行业不确定性与企业所处生命周期与东道国治理水平正相关。在后续投资阶段，这些因素越突出，越会推动企业向两个治理水平相反的国家进行投资。并且只有当同时投资这两类国家时，企业的投资收益与生产力水平才能得到同步提升。王永钦等（2014）发现中国企业的对外投资不太关注东道国的政治环境稳定性，而比较关注东道国的执政效率、监管水平和腐败治理情况。

东道国与母国的制度差异。蒋冠宏和蒋殿春（2012）的研究发现制度距离对中国的市场寻求型、资源寻求型和战略资产寻求型对外直接投资有较大的负面影响，没有证据表明中国对外投资明显偏好制度风险较低或风险较高的地区。岳咬兴和范涛（2014）认为中国的对外直接投资主要分布在与本国制度差异大且制度风险高的国家，但这种影响在资源寻求型直接投资和效率寻求型直接投资之间存在异质性。杨娇辉等（2016）认为中国对外直接投资的区位选择存在"偏好制度风险较高的东道国"的特征，但这种特征在使用相对质量指标、控制东道国资本密集度、控制东道国资源丰富程度后不再显著，而是表现出完全符合主流研究结论的风险规避特征。

双边投资协定。双边投资协定是缔约国双方共同签订的，旨在保护两国间投资、促进经济交流的法律文件。投资协定保障了投资企业的权益，增加了外资对发展中国家的投入（Busse et al., 2010）。研究表明母国与投资目的国间的投资协定对跨国公司存在区别于国家制度保护的作用，促进了中国上市公司对缔约国的对外直接投资。双边投资协定不仅弥补了东道国制度环境的缺陷，还缓解了母国制度对国有企业和民营企业政策支持不均衡的问题（宗芳宇等，2012）。

税收因素。从母国税负角度来看，中国的税收制度与税负水平显著影响企业进行对外直接投资的动力。母国税收优惠政策降低了企业的境外经营成本和对外投资风险，对 OFDI 有明显的促进作用（许真和陈晓飞，2016）。从东道国税收环境来看，东道国的低税率政策激励无法弥补其制度缺陷对直接投资的负面影响（王永钦等，2014）。东道国整体税负水平与中国企业的对外直接投资决策成反比，税收效率与对外直接投资决策成正比，税收透明度对投资的影响不显著（庄序莹等，2020）。

其他因素。程惠芳和阮翔（2004）认为母国与东道国的经济总规模、人均国民收入、双边贸易规模等经济特征与两国间的直接投资流量显著正相关，母国与东道国间的地理距离与投资区位分布显著负相关。尹国俊和杨雅娜（2012）认为企业在选择投资区位时，会综合考虑自身具备的能力资源、投资动机与海外资源的可获得性。蒋为等（2019）发现中国企业的对外投资目的国主要是经济邻近和地理邻近的社群内国家，出口网络联结显著促进了中国企业对外直接投资的快速扩张。闫雪凌和林建浩（2019）发现领导人访问显著增加了中国企业对该国的当期投资，且中国领导人出访对投资的促进效应更强。

（三）企业对外直接投资的经济后果

逆向技术溢出。现有文献认为企业在进行对外直接投资的过程中不断学习东道国的先进技术并反向带动母国技术创新，即对外直接投资对母国存在逆向技术溢出效应（Coe & Helpman，1995；Potterie & Lichtenberg，2001）。赵伟等（2006）指出对外直接投资活动通过分摊研发支出、反馈创新成果、转移逆向技术以及剥离创新等几种途径影响母国的科技发展。中国企业对外直接投资显著提升了本国企业的创新能力，该影响有一定持续性，且在东部地区最为显著（李娟等，2017；明秀南等，2019）。王然等（2010）发现对外直接投资前向关联形成的研发外溢提高了母国下游企业的创新能力，而后向关联导致的技术引进抑制了母国上游企业的创新能力。刘东丽和刘宏（2017）认为对外直接投资逆向技术外溢作用的产生需要以人力资本为基础。沈春苗和郑江淮（2019）认为对对外直接投资活动的逆向技术溢出作用不利于母国在技能偏向性技术领域的发展，部分产业产能过剩、吸收先进技术的能力不足、全球价值链"低端锁定"和发达国家技术封锁等因素限制了我国对外直接投资活动逆向技术溢出作用的产生。

母国就业。一方面，对外直接投资行为与本国的就业状况之间存在替代效应。对外投资导致东道国资本外流、同类产品销售受到冲击、就业率下降

（Braconier & Ekholm，2000）。另一方面，对外直接投资与母国就业存在补充效应。企业将对外投资收益汇回母国的行为增加了母国的资本流入和就业机会，同时提高了企业竞争力，有利于降低成本与扩大就业（Masso & Varblane，2007）。李磊等（2016）认为我国跨国公司的对外直接投资行为对增加国内就业有积极作用，该作用随着对外直接投资频率的增加而增强，且不受企业所有权性质和东道国收入水平的影响。从投资动机来看，资源寻求型对外投资的就业促进效应受行业类别的影响，水平型和垂直型对外投资的就业促进效应受东道国收入水平及进出口的影响。张海波和彭新敏（2013）认为高收入、高教育水平地区的对外投资与母国就业之间存在互补关系，中低收入、中低教育水平地区的对外投资与母国就业之间存在替代关系。

出口效应。国外研究发现对外直接投资存在出口促进效应（Head & Ries，2001）或出口替代效应（Oberhofer & Pfaffermayr，2012）。中国学者发现对外直接投资对出口具有促进效应（谢杰和刘任余，2011；张春萍，2012）。蒋冠宏和蒋殿春（2014）发现对外直接投资，特别是商贸服务类投资和对高收入国家的投资显著促进了出口。杨连星和刘晓光（2016）认为对外直接投资的逆向技术溢出效应通过投资带动母国中间产品出口，推动出口结构升级；通过投资获取发达国家的技术、人才、专利等要素，逆向促进母国出口技术提升；通过资源寻求型投资带动母国相关设备和技术的出口。我国制造产业的垂直型对外直接投资行为对扩大出口增加值的积极影响大于水平型对外直接投资，水平型对外直接投资提高了生产性服务业在出口增加值中的占比，优化了出口结构（刘海云和毛海欧，2016）。顾雪松等（2016）发现对外直接投资行为对母国出口的正向作用随着母国与投资目的国间的产业结构差异扩大而逐渐增强。林志帆（2016）认为对外直接投资对出口的影响弹性非常小。在控制个体效应后，投资存量与流量间的巨大差异使得不论是对发达国家还是对发展中国家的投资对中国出口增量的影响都不显著。

东道国环境质量。"污染光环"论认为对外直接投资有利于促进清洁生产技术的传播，提高东道国当地企业的生产效率，实现要素的高效使用，改善东道国环境状况（张宇和蒋殿春，2013）。"污染避难所"论认为发展中国家宽松的环境监管体系与相对丰富的资源增强了污染性产业的转移动机，对外直接投资对东道国环境产生负面影响（赵晓丽等，2007）。刘玉博和吴万宗（2017）的研究表明中国的对外直接投资增加了东道国的污染物排放总量，但降低了污染物人均排放量，上述作用在高收入国家中更显著。这说明中国的对外直接投资提升了东道国能源利用效率。

企业效率与产出。蒋冠宏和蒋殿春（2014）认为对外直接投资行为对提升企业生产率有明显的促进作用，但该效应随时间增加而减弱，东道国与母国的发展水平差异可能削弱这种正向影响。肖慧敏和刘辉煌（2014）的研究也发现对外直接投资提升了国内企业的技术效率，这一促进作用在企业投资发达国家时更显著。蒋冠宏等（2013）发现技术研发型对外直接投资能显著提升企业生产率，这种作用呈倒"U"形。相比于未对外投资企业，对外投资企业生产率提升更多。从影响路径上看，覃毅和张世贤（2011）发现对外直接投资企业通过模仿和竞争这两条路径促进了母国同行业企业技术效率的提升，但这一促进作用只存在于后向关联的上游企业中。此外，杨连星等（2019）发现对外直接投资总体促进了企业产出增长，但这一效果只在商贸服务型、前向垂直型、中间出口比重高于门槛值的水平型对外投资中存在。

其他影响。白俊红和刘宇英（2018）发现对外直接投资活动明显缓解了资本和劳动力错配问题，提升了国内整体的资源配置效率。刘宏和张蕾（2012）的研究表明对外直接投资存量每增加1单位，全要素生产率提升2.07单位。毛其淋和许家云（2016）发现对高收入国家的直接投资、研发型投资以及多样化投资，显著提高了企业加成率。这主要是因为对外直接投资促进了产品创新、提升了企业生产率、降低了企业边际生产成本。总体上看，对外直接投资活动有利于推动我国经济发展质量的提升，这一作用在投资发达国家时更显著（孔群喜等，2019）。然而，在资本存量既定的条件下，对外直接投资形成的资本流出可能造成制造业的"离本土化"和母国产业结构的"离制造化"（蔡兴和刘子兰，2012）。制造业对外直接投资的快速增长显著降低了中国制造业资本存量，劳动密集型产业显著受到对外直接投资的资本挤出效应的影响，制造业资本向其他产业流出，竞争优势被削弱，产生"离制造化"现象（刘海云和聂飞，2015）。

二、"一带一路"倡议相关文献

"一带一路"倡议自 2014 年正式实施至 2019 年稳步发展，已走过了成果丰硕的六年：重大项目顺利推进，六大经济走廊建设取得重大进展，与沿线国家的经贸往来不断扩大。"一带一路"作为中国构建高质量开放型经济的一项重要国家战略，不仅取得了举世瞩目的经济成果，也受到了学术界的高度关注。近年来，有关"一带一路"倡议的研究数量快速增长。本节拟从"一带一路"建设进程中的对外直接投资、"一带一路"倡议的影响因素和倡议实施的经济后果三个方面对国内学者的研究成果进行综述。由于本书关注的是"一带一路"倡议对参与投资企业税负水平的影响，本节将重点梳理"一带一路"倡议的经济后果。

（一）"一带一路"背景下的企业对外直接投资

进入策略。我国企业大多选择通过绿地投资而不是并购的途径对倡议周边国家进行对外直接投资。已有文献认为"一带一路"通过将双方的设施、政策、金融、经贸和人文往来等领域相联系促进了我国对外直接投资活动中绿地投资的增长（吕越等，2019）。蒋冠宏（2017）运用多元回归模型探究"一带一路"倡议周边国家的制度与资源对中国企业进入策略的影响。研究发现出口较多的企业偏好绿地投资，而生产率高、资本密集和大规模企业倾向并购或合资。总体来看，中国企业在投资东道国的进入策略存在异质性，当东道国制度环境较好时，生产率高的企业倾向绿地投资，利润率高的企业倾向并购或合资。

投资特征。刘清杰等（2019）结合"第三国"空间视角检验中国对"一带一路"沿线国家的投资是否具有出口平台型特征，研究结果证实了这一猜想。

出口平台型对外直接投资体现为跨国企业在生产成本较低的国家直接投资，并将产品销售给投资目的国的周边国家（Ekholm et al.，2005）。中国对"一带一路"周边地区，特别是对东南亚地区的对外直接投资行为恰好表现出出口平台型特征，投资存在明显的空间挤出效应。对外投资的出口平台型特征一方面加强了中国与周边国家的经贸联系，另一方面对降低"一带一路"沿线国家间的贸易壁垒提出了更高要求。中国企业应利用"一带一路"建设的机会加强与沿线国家的战略型和资源型投资合作，合理布局投资流量（张述存，2017）。

制度距离。中国在"一带一路"沿线的国际化经营有明显的风险规避倾向，偏好对与本国制度、文化和地理距离较近的地区进行投资；而对于那些与中国制度距离较远的国家，出口则是主要贸易方式（方慧和赵甜，2017）。

投资效应。一些西方学者认为中国的"一带一路"倡议是政治因素主导的，中国对沿线国家的投资诱导这些国家进入"债务陷阱"（Cheng, 2016）。金刚和沈坤荣（2019）对这一观点进行了反驳，他们的研究表明"一带一路"倡议极大地促进了中国企业对沿线国家交通行业的投资，这些投资具有显著的发展效应，并未带来所谓的"债务陷阱"。

比较优势。徐梁（2016）认为"一带一路"沿线国家对于中国对外贸易的重要程度不断增加，双方之间的贸易互补程度也不断加深。中国对这些国家的直接投资逐渐由化解国内过剩产能转变为促进产业优化升级。

产业融合。姚星等（2019）从社会网络视角探究中国与"一带一路"沿线国家的产业融合情况。研究发现沿线国家的产业不断向纵深发展，产业融合互动范围不断扩大。中国在产业融合过程中的地位不断提升，但存在外向支撑力强而内向引进力弱的情况。

区域网络。直接投资"一带一路"倡议周边国家与建设区域生产网络等行动加强了中国与沿线国家间的双边与多边经贸往来（毛海欧和刘海云，2019）。

（二）"一带一路"倡议的影响因素

国家间差异。杨亚平和高玥（2017）研究发现中国企业对"一带一路"沿线国家的投资受到正式制度非对称性的影响。技术研发型投资偏好与中国正制度距离大的国家，服务型与当地生产型投资偏好与中国负制度距离大的国家。经济规模正向影响投资流量；地理位置越近，贸易流量越大；而文化距离在一定程度上抑制了投资规模的扩大（吕延方和王冬，2017）。中国企业在"一带一路"周边地区生产经营所面临的文化摩擦体现在传统风俗习惯、宗教信仰、价值观差异以及文化交流障碍等方面。合理地减小这种文化摩擦对中国企业的境外经营活动具有重要的现实意义（杨柏等，2016）。

双边税收协定。企业在跨国投资过程中面临来自本国与东道国法律和税收制度差异带来的风险。双边税收协定为避免双重征税和防止偷漏税提供了法律保障，降低了企业的税收风险与税收支出（方芳和陈佩华，2017）。邓力平等（2019）认为税收协定有效缓解了东道国制度水平较低、税负较高的负面影响，但这一作用在税负较低、制制度完善的东道国中并不明显。这说明双边税收协定对东道国制度环境有替代作用。

投资网络。杨文龙和杜德斌（2018）运用复杂网络分析法构建了"一带一路"沿线国家投资网络，他们发现互惠性、国家经济水平、投资类型、空间距离和投资协定对区域投资网络的形成有重要影响。"一带一路"沿线国家的投资网络布局呈现出不均衡性，东亚与东南亚地区网络密集，中亚和中东网络活跃度较低。

（三）"一带一路"倡议的经济后果

对国家经济发展的影响。李小帆和蒋灵多（2020）指出中西部关口城市在中国与倡议周边国家的贸易往来中扮演着越来越重要的角色，中西部地区收入增长明显。外贸成本的降低有利于中西部地区的经济发展和对外开放，区域间收入差距进一步缩小。文淑惠和张诣博（2020）认为中国对"一带一路"周边国家对外直接投资行为的技术溢出作用和资本积累作用使得金融发展对经济增长的积极影响更为显著。但由于沿线国家自身金融发展水平较低，这种促进作用的效果有限。戴翔和宋婕（2019）认为"一带一路"倡议有利于全球价值链空间布局的调整,但对提升中国在世界范围内价值链分工中的位置无明显促进作用。

对企业融资的影响。"一带一路"项目建设周期较长、资金投入量较大、收益不确定性较高,企业难以在资本利用率较低的沿线发展中东道国获得融资(李建军和李俊成,2020)。一些沿线国家较低的信用水平与较高的金融不确定性使企业面临较大的现金流压力(李笑影和李玲芳,2018)。现有文献认为"一带一路"倡议通过降低信息不对称程度和改善财务表现的方式帮助对外投资企业获得了更多信贷融资,外部融资成本显著下降。这种促进效应在商贸服务业、大型企业和外向型节点城市中更加突出(李建军和李俊成,2020)。徐思等(2019)认为推进"一带一路"建设有效降低了跨国公司的融资约束程度,跨国投资企业获得了更多银行信贷与税收政策扶持,贷款成本更低;这一作用在新兴优势产业与外向型节点城市中更明显。

对企业社会责任的影响。当参与倡议企业承担更多社会责任、政府提供政策扶持与营商环境不断优化时,"一带一路"倡议更容易促进中国与东道国间的公平互惠,最终实现双边合作共赢的局面(黄凌云等,2018)。进一步地,祝继高等(2019)从战略性与反应性社会责任角度探究中央企业的社会责任承担这一问题。他们认为中央企业承担战略性社会责任受到外部劳动力和产业因素的影响,承担反应性社会责任受到外部风险因素的影响。

其他后果。孙焱林和覃飞(2018)认为推进"一带一路"建设显著降低了中国企业的投资风险,这一效应随着时间推移而逐渐减弱,倡议对降低投资风险的积极作用在民营企业中更显著。汪小勤等(2019)认为中国政府放松了对企业投资"一带一路"沿线国家的资本管制,并通过设立重点省市和节点城市为不同区域企业的对外直接投资创造了良好环境。"一带一路"倡议通过提高海外业务收入促进了民营企业业绩的提升。王桂军和卢潇潇(2019b)认为"一带一路"建设通过促进企业科技创新,助推了以全要素生产率提升为特征的企业升级,并且这一促进作用同时存在于国有企业和民营企业中。

邱煜和潘攀(2019)认为"一带一路"倡议的实施降低了周边国家的负债

水平，提高了他们的财政可持续性，降低了他们的债务风险。张原（2018）发现中国对"一带一路"周边发展中国家的援助及投资扩大了这些国家的资本规模，提供了更多就业机会，降低了贫困率，国有资本的减贫效应显著。张宇（2020）通过研究发现"一带一路"倡议显著缓解了中国企业出口面临的隐形壁垒，这一作用在发展中国家中更明显。

三、企业税负相关文献

我国学者从宏观税负与税负感知等角度考察了总体税负对宏观经济和微观企业的影响。对于企业税负问题，已有研究主要关注何种因素对企业税负产生影响，而较少关注企业税负变化的经济后果。本节主要对企业税负的影响因素、经济后果、"一带一路"背景下的税收问题这三个方面的文献进行梳理和归纳。

（一）企业税负水平的影响因素

财政因素。刘骏和刘峰（2014）认为流转税是我国企业税负的主要组成部分，因此，他们把流转税税负的影响纳入企业税负衡量指标的构建中。研究发现国有企业税负明显低于非国有企业税负，中央国有企业税负低于地方国有企业税负。造成这种结果的原因包括中国高度集权的财政体制导致的地方政府税收竞争与税收攫取，以及企业间税收返还和增值税税负的差异。王小龙和余龙（2018）认为转移支付波动在我国的转移支付体系中广泛存在。他们利用县级转移支付波动的数据进行研究，发现高转移支付波动增加了地方政府财政收入的风险，地方政府通过提高征税努力保证地方财政收入，最终提高了企业税负。范子英和赵仁杰（2020）利用撤县设区这一政策改革，考察财政职权改变对县级政府征税努力和企业税收负担的影响。研究结果显示改革完成后，县级政府的财政自主权明显下降；同时，县级政府的征税努力减少，辖区内企业的实际税率明显下降。

产权性质。研究表明企业国有股权比例越高，实际税率越高，这一现象在没有获得税收优惠的企业中更明显（吴联生，2009）。刘行和叶康涛（2014）的研究发现金融发展程度越高，民营企业的税收负担越大，且远大于国有企业。他们认为金融发展缓解了企业融资约束，从而抑制了企业的税收规避动机。布拉德肖等（Bradshaw et al., 2019）发现国有企业的实际税负显著高于民营企业，这是因为国企管理层会为了获得更多的晋升机会而减少税收规避行为。

政治关联。"政治成本"假说认为大规模企业面临更严格的政府监管，税收负担更高；"政治权利"假说认为大规模企业有更充裕的资源进行税收筹划，税负更低（Zimmerman，1983）。这两种假说都得到了实证研究的支持。吴文峰等（2009）研究发现中国上市公司管理层的政治背景能为企业带来诸多好处（例如信贷资源和政策扶持），有利于降低企业税负。冯延超（2012）认为当民营企业高管有政治背景时，其税收负担比没有政府关联企业的税收负担显著更高，并且政治关联越强，税负越高。

税收征管。我国的税收征管具有明显的指令性特征，税收计划的完成与否是税收征管绩效评价的主要指标（白云霞等，2019）。税务机关通过提高税务稽查强度、平滑税收收入的方式应对没有完成税收计划的问题。当地方税务机关为了达成税收计划而面临较大压力时，非国有企业税负明显提高，但国有企业税负无显著变化。田彬彬等（2020）的研究同样证实了上述观点：税务机关为完成税收任务而加大征管力度，导致企业所得税实际税率明显提高。此外，税务机关完成征税计划后会通过"藏税"的方式降低未来的征收基数。

"营改增"的影响。"营改增"这一重要降税改革有效减少了企业被重复征税的情况（陈钊和王旸，2016），有利于降低企业生产成本与产品价格（张同斌和高铁梅，2012）。一些研究认为"营改增"显著降低了企业税负（张璇等，2019）；另一些研究则认为某些行业"营改增"后适用税率的大幅提高，抵消了进项税额抵扣带来的节税效应，企业实际税负不降反升（王玉兰和李雅坤，2014）。

经济波动。李明等（2016）的研究发现中国企业税负表现出顺周期特征，当实际产出低于潜在产出时，企业实际税率上升。地方政府在经济衰退期实施扩张性财政政策，导致地方企业税负增幅较大。因此，地方政府顺周期行为可能对中央政府逆周期宏观调控计划的实施效果造成消极影响。

会计准则。2007年正式实施的新《企业会计准则》对公司税收负担产生了重要影响。一方面，资产的确认和计量准则的变化，例如存货计价和固定资产折旧方法的变化、减值准备的计提、公允价值的使用等对企业税负产生了影响。另一方面，所得税准则的变化导致的暂时性差异调整使得企业实际税负发生变化（王素荣和蒋高乐，2009）。

企业内部因素。王素荣和张新民（2006）考察了资本结构与所得税税负之间的相关性，研究发现实际税负最高的企业的账面杠杆率在六成到八成左右。上市企业的杠杆率越高、流动比率越大，所得税实际税率越低。李万福和陈晖丽（2012）的研究表明内部控制质量越高，企业税负越低。内部控制质量较高且披露内控鉴证报告的企业实际税负较低。此外，研究还发现企业规模、公司业绩、成长性、资产结构、融资约束、境外经营、公司治理等因素均对企业的避税行为与税负产生影响（Jacob，2022）。

（二）企业税负水平变化的经济后果

对资本成本的影响。宋献中（2001）认为由于债务利息的税收抵扣效应，税负水平直接影响企业的债务融资成本与股权收益率。德安基洛和马苏利斯认为拥有非债务税盾较大的企业进行债务融资的动机较小，避税和债务融资之间存在替代性（DeAngelo & Masulis，1980）。避税行为通过影响企业未来预期现金流以及企业现金流与市场现金流的协方差，影响企业的权益资本成本（Lambert et al.，2007）。避税与隐含权益资本成本显著负相关（Goh et al.，2016）。

对资本结构的影响。已有研究认为税法导致的税率变化与企业避税活动导致的税率变化均会对企业资本结构产生影响。王跃堂等（2010）提出在所得税改革以后，税率下降的企业其债务水平随之下降，而税率上升企业的债务水平也相应提升。税改后企业获得的"投资税盾"与债务水平负相关,证实了"替代效应"假说。刘行等(2017)研究发现企业避税难度与企业总体负债率显著正相关,避税难度增加导致不具备利息税盾功能的商业信用负债增加,证实了"现金流效应"假说。

对研发创新的影响。已有研究证实税收优惠政策对企业研发活动有明显促进作用,"营改增"通过降低企业税负为企业研发活动提供了较强的短期激励(栾强和罗守贵,2018)。张璇等(2019)研究发现"营改增"显著降低了企业税负,促进了企业创新,税负下降越多,创新产出越高。"营改增"对民营企业、中小企业和法治环境较好地区的企业的减税作用更强。

对企业价值的影响。目前学术界对于避税如何影响企业价值尚未得出一致结论。汉隆和斯莱姆罗德的研究发现市场对企业避税的负面新闻做出消极反应(Hanlon & Slemrod,2009)。德塞和达马帕拉认为激进避税会导致代理成本增加(Desai & Dharmapala,2009)。雅各布和舒特认为在评估避税对企业价值的影响时,需要同时考虑避税的绝对水平与相对不确定性(Jacob & Schütt,2020)。

对资源配置效率的影响。企业税负对企业间的资源配置扭曲有深刻影响。税负差异驱动生产要素从高税负企业流向低税负企业,从而降低产业总体的生产要素利用率(陈晓光,2013)。刘啟仁和黄建忠(2018)认为当税负增加时,企业会通过提高加成率的方式转移税收负担,造成生产要素的边际产出水平偏离最优水平的问题(Lu & Yu,2015)。寻租行为与避税活动扩大了不同企业之间的税负差距,引起产品市场加成率的离散程度增加。生产率较高的企业税负转嫁越少,提高生产率就越有助于降低资源配置扭曲程度。

(三)"一带一路"背景下的税收问题

目前国内学术界对"一带一路"背景下企业税收问题的讨论主要以理论研究和案例研究居多,大样本的实证研究不足。

从税收处理方式来看,曹明星和刘奇超(2016)在比较我国对"一带一路"沿线国家投资情况的基础上,采用案例分析法计算了工程项目、中和高低税负以及无形资产等的境外经营收入，并比较了三者的税收处理方式。赵书博和胡江云（2016）从税收抵免规则、税率差异、税收优惠、税收遵从成本等角度探讨了我国企业参与"一带一路"建设面临的重复征税情形，通过比较倡议周边国家税收环境与制度的差异为我国企业境外投资的所得税制改革提出政策建议。赵书博等（2019）比较了"一带一路"沿线国家的增值税制度差异，从税率定档、税收优惠、税收扣除、留抵税额、中小企业简化征税办法等角度总结了我国增值税制度存在的问题。我国现行增值税税制在简化税率、规范税收优惠、完善留抵税额退税方法、加强与沿线国家合作等方面还需进一步改进。

从税收征管合作来看，现有的税收信息情报交换与征管合作机制主要包括双边税收协定、税收情报交换协定、多边税收征管互助公约以及金融账户涉税信息自动交换标准。上述机制在实施过程中还存在着操作性不强、沿线国家参与度较低、信息化建设滞后等问题，并且发达国家在制定情报交换规则时的主导作用较强，发展中国家的话语权有限（吴志峰等，2020）。马蔡琛和管艳茹（2022）认为"一带一路"税收征管合作机制在未来发展空间较大。应该进一步完善立法与税收规则设计，加快建立税收争议解决机制，提升税收征管能力。

从双边税收协定来看，汤凤林和陈涵（2020）考察了中国与倡议周边国家签订的税收协议，他们发现仍然有一些国家尚未与我国签订双边税收协定，一些协定条款无法满足我国经济高质量发展的需求，税收争议解决机制不健全。因此，应该完善双边税收协定条款，助力高水平"一带一路"建设。税收协定可能通过提高税后收益或降低交易成本的方式增加对外直接投资。潘春阳和袁从帅（2018）考察了双边税收协定与中国企业对外直接投资行为之间的关系，回归结果显示签订税收协定显著增加了我国对缔约国的对外直接投资规模。

从税收风险来看，庞淑芬等（2017）从"走出去"企业的跨境税收风险视角分析了参与"一带一路"企业的境外税收风险问题。他们认为跨境税收风险的主要来源是东道国的税收制度，包括居民身份的认定、所得税税率、折旧方法、亏损结转、税收饶让与资本弱化条款等方面。通过比较"一带一路"沿线国家的税收制度，以案例分析的形式对我国企业投资"一带一路"沿线国家过程中的税收风险管理提出可行性建议。

四、文献述评

目前与发展中经济体对外直接投资相关的理论与实证研究已较为丰富，包括发展中国家对外直接投资的动机、影响因素、区位选择与经济后果等多个领域，中国学者对"一带一路"背景下对外投资相关问题的研究也取得了一定的成果。我国的"一带一路"倡议连接了众多国家，影响地域广泛。沿线国家在经济发展水平、社会制度、文化习俗等方面存在较大差异。这一方面为我国"走出去"企业参与建设高水平对外开放型经济提供了更多机会，另一方面对参与"一带一路"倡议企业的财务决策、经营管理与资源配置能力提出了更高要求。企业跨国经营面临的东道国税制差异将直接影响企业的税收负担，而税收因素又对企业的财务决策有深刻影响，对这一话题的研究具有较强的理论价值与现实意义。然而，已有关于"一带一路"税收问题的研究尚处于理论分析阶段，实证研究证据不足，未来进一步研究的潜力较大。

首先，与"一带一路"倡议对微观企业税负影响相关的研究框架尚不完整。现有研究多从对外直接投资，而非"一带一路"倡议角度探究其与税收的关系，认为税收（包括母国税收政策与东道国税制等因素）是影响跨国企业对外投资区位选择的重要因素，即税收影响企业投资决策。然而，鲜有研究将税负变化作为企业对外投资决策的经济后果。尽管已有文献通过比较"一带一路"沿线国家税收制度的方法得到初步结论：参与"一带一路"倡议企业在不同东道国面临的税率、税收监管与税收风险存在差异，这种差异可能影响企业的税收负担。但这一结论主要建立在对客观事实进行比较分析的基础上，对两者关系的实证检验略显不足。因此，本书的研究可以被放置在投资与税收的相关研究框架下。

其次，与"一带一路"背景下企业税负问题相关的实证研究较少。尽管国内外学者对跨国企业的国际避税问题已有一定认识，但这些研究主要关注的是跨国企业利用避税地设立子公司并通过操纵无形资产与转移定价等方式实现税基侵蚀与利润转移。相比于企业因避税动机而进行对外投资，企业参与"一带一路"倡议的行为具有促进国家与区域经济发展的重要战略意义。在倡议实施初期，我国对沿线国家的投资主要集中在通讯、电力、交通等基础设施建设领域，对外投资的主体多为大型国有企业。而随着"一带一路"倡议的不断深化，民营企业的参与度更高、投资范围更广、项目更多样化、投资质量更优。因此，研究"一带一路"倡议对企业税负的影响机制需要综合考虑企业的避税动机、国家战略发展要求以及我国国情与时代背景。

最后，"一带一路"背景下企业税负变化的经济后果问题还有待进一步探索。尽管现有研究考察了企业避税行为对资本成本的影响，但这些研究并未结合我国实施"一带一路"倡议的制度背景与我国对外直接投资的发展现状。企业税负水平不但受到其避税行为的影响，还可能受到政府政策、税收制度、经济环境等宏观因素的影响。因此，"一带一路"背景下企业税负水平的变化不等同于企业避税水平的变化，企业税负水平变化导致的经济后果不等同于企业避税行为导致的经济后果。此外，已有文献主要关注税收对企业资本投资决策的影响，鲜有研究聚焦税负变化对企业非财务决策的影响，以及这种影响的行业溢出效应。本书的研究可以被嵌入税收与企业价值相关理论的大框架中。

第四章

"一带一路"倡议对企业税负的影响

"一带一路"倡议对企业税负水平影响研究

2013年，习近平主席在出访哈萨克斯坦时提出要共建"丝绸之路经济带"；同年，习近平主席出访印度尼西亚并发表重要演讲，提出共同建设"21世纪海上丝绸之路"。"一带一路"是这两个重要经济带的合称。国家发展和改革委员会下设的推进"一带一路"建设工作领导小组办公室统筹负责"一带一路"建设工作。丝路基金、亚洲基础设施投资银行、金砖国家开发银行以及上合组织开发银行等地区和国际性金融机构为倡议的实施提供金融支持[1]。自2014年正式实施以来，"一带一路"建设在诸多领域取得了令人欣喜的成就。"一带一路"由点、线到面，从经贸合作到文化交流，沿线各国的参与度与认同感不断增强。截至2019年末，中国企业在"一带一路"沿线的六十多个国家设立了超过一万家企业，投资领域覆盖了18个国民经济行业大类，实现直接投资额近187亿美元，对外直接投资流量同比增长将近5%[2]（见表4-1）。其中，中国企业的对外直接投资主要分布在制造业、批发业和零售业、建筑业、金融业以及科技服务业等产业；投资主要集中于新加坡、印度尼西亚、越南、泰国等与中国地理距离较近的东南亚国家。同时，沿线国家积极开展产能合作，共建经济合作区，合力推动产业结构升级。

2013年到2018年期间，中国与倡议周边国家之间的双边贸易额超6万亿美元，对周边国家对外直接投资规模累计超900亿美元。"一带一路"的提出为企业"走出去"提供了良好的制度环境与政策支持，极大激发了企业"走出

---

[1] "一带一路"路线图全梳理（https://www.yidaiyilu.gov.cn/ztindex.htm）。
[2] 详情见商务部、国家统计局和国家外汇管理局发布的《2019年度中国对外直接投资统计公报》。

第四章 "一带一路"倡议对企业税负的影响

去"的积极性,促进了中国与沿线国家的贸易合作,增强了中国企业利用全球要素市场提升资源配置效率的能力。现有研究从多个角度探讨了"一带一路"倡议实施的微观经济后果,包括降低企业投资风险(孙焱林和覃飞,2018)、减小企业融资约束(徐思等,2019)、提升投资规模与投资质量(蒋冠宏,2017;方慧和赵甜,2017;陈胜蓝和刘晓玲,2018)、提高企业全要素生产率(王桂军和卢潇潇,2019b)等。然而,"一带一路"倡议既覆盖了高收入国家(如新加坡)、中高收入国家(如俄罗斯),也包括了中低收入国家(如巴基斯坦)和低收入国家(如柬埔寨),这些国家在经济发展水平、营商环境以及制度环境方面存在的差异导致对外投资企业的生产经营活动面临一定程度的风险(陈胜蓝和刘晓玲,2018;徐思等,2019)。

一方面,投资产生的税法允许的税费抵扣项目、政府税收优惠以及税收协定的避免重复征税条款等降低了对外投资企业的经营成本压力(Chen et al., 2017;杨兴全等,2018;徐思等,2019)。另一方面,东道国与我国在税制结构与税收环境上的差异提高了对外投资企业在全球范围内制定税收规避策略的难度,增加了企业因未充分利用税收优惠政策或双边税收协定而承担税收风险的可能性(庞淑芬等,2017;庄序莹等,2020)。因而,企业对倡议周边国家的对外直接投资行为将不可避免地影响自身税负水平。

本书以2014年开始实施的"一带一路"倡议作为准自然实验,利用2009—2018年中国A股非金融类上市公司数据,运用双重差分法研究实施"一带一路"倡议对企业税负水平的影响及其异质性。本章的主要内容安排如下:首先,根据相关理论与前人研究提出本章的研究假设。其次,进行研究设计,包括介绍样本筛选方法与数据构成、定义变量、构建模型。再次,利用模型进行回归分析并运用多种方法检验回归结果的稳健性。最后,对实证结果与研究结论进行总结。

表 4-1　中国对"一带一路"沿线国家投资情况

年度	对沿线国家直接投资流量（亿美元）	对沿线国家直接投资存量（亿美元）	对外直接投资总存量（亿美元）
2013	126.3		6604.8
2014	136.6	924.6	8826.4
2015	189.3	1156.8	10978.6
2016	153.4	1294.1	13573.9
2017	201.7	1544	18090.4
2018	178.9	1727.7	19822.7
2019	186.9	1794.7	21988.8

注　本表列示了 2013—2019 年中国对倡议周边国家的对外直接投资流量、对外直接投资存量与对外直接投资总存量。

一、研究假设

近半个世纪以来，企业对税收因素的考量已成为财务决策的重要环节。研究发现公司通过制定税收筹划战略减少履行纳税义务、增加税前现金流，以此提升企业价值（Akhtar et al., 2019）。各国在税法、制度、监管等方面的差异使得跨国企业具备在"避税天堂"设立子公司并利用转移定价进行利润转移的能力，以及在全球范围内最小化税收负担的天然优势。例如，设立在企业所得税税率较高地区的母公司以某项无形资产（如知识产权）在税率较低地区注册成立子公司，通过向子公司购买该无形资产使用权的方式将利润转移至低税率地区，进而降低企业总体税负。数据表明：2015 年，跨国企业流向百慕大群岛、开曼群岛等避税天堂的投资额高达 1164 亿美元，占当年总流量的近八成（白思达，2019）。同年，经济合作与发展组织（OECD）公布的关于税基侵蚀和利润转移（BEPS）的报告显示：《财富》500 强企业中有 367 家在避税天堂设立子公司。被称为避税天堂的国家或地区往往不具备完善的要素市场，企业在这些地区设立子公司的主要目的是通过利润转移进行避税。白思达（2019）发现中国的跨国企业通过利用国外关联公司与向低税率国家投资两种方式避税。

第四章 "一带一路"倡议对企业税负的影响

2013年以来,美国和欧盟对大型企业的跨国避税行为开展了打击活动。2013年,二十国集团(G20)财长与央行行长会议通过了旨在加强税务信息披露与促进涉税信息交换的税基侵蚀与利润转移(Base Erosion and Profit Shifting,BEPS)行动计划,简称为BEPS行动计划。该计划的第十三项强制要求跨国企业向居民属地(即母公司所在地)税务机关,按照投资国家分别披露关联与非关联方收入、税前利润或亏损、应纳税额与已缴税额、留存收益、员工数量以及无形资产的相关信息(Country-by-Country Reporting,CbCR)。上述信息一旦提交便可由企业所有经营所在地国家的税务机关共享,并且信息共享程度不依赖于跨国企业在该国的经营规模[①]。研究表明欧盟的跨国公司在受到CbCR影响后,实际税率下降了1到2个百分点,并且由避税动机驱动的利润转移行为从2018年开始减少(Joshi et al., 2020)。在此背景下,中国也积极加入国际反避税合作,并于2013年和2015年相继签订《多边税收征管互助公约》和《金融账户涉税信息自动交换多边主管当局间协议》等重要协定[②]。研究发现税收情报交换条款能有效抑制企业的避税行为,两国税务机关间的情报交换与合作越密切,对避税的抑制作用越强(白思达和储敏伟,2017;白思达,2019)。叶康涛和刘行(2011)发现税收征管机制的外部治理作用明显,显著增加了企业盈余操纵的所得税成本。国家间的涉税信息共享机制与税收监管合作机制增加了企业通过对外投资转移利润的难度,限制了跨国企业利用各国税率差异进行税收规避的行为。

一方面,各国税制(如税率与税种)与税收环境的差异导致企业在各投资东道国面临不同水平的税收负担,加大了其在短期内利用对外投资进行税收筹

[①] BEPS行动计划第十三项——税务信息国别报告,即OECD Base Erosion and Profit Shifting Project Action Item 13 private country-by-country reporting(OECD, 2013)。截至2019年9月,已有超过90个国家实施了该项强制信息披露行动计划(KPMG,2019)。

[②] 具体内容见国家税务总局网站(http://www.chinatax.gov.cn/chinatax/n810341/n810770/index.html)。

划的难度。另一方面，利用"一带一路"沿线国家的低税率进行税收筹划（如在低税率国家设立子公司，通过操纵无形资产和转移定价的方式将集团利润转移至低税负国家）的行为将使企业面临来自投资东道国与国内税务机关更严格的税务稽查，更高的检查风险导致对外投资企业的避税难度与避税成本大幅增加。综上所述，"一带一路"倡议的实施可能通过增加监管和抑制避税提高企业税负水平。本书预期相对于未参与"一带一路"倡议的企业，参与倡议企业的税负水平较高。基于此，本书提出如下假设：

H4_1a：相对于未参与"一带一路"倡议的企业，参与"一带一路"倡议企业的税负水平显著提高。

从国家层面来看，政府为推进"一带一路"倡议的实施，多措并举，支持鼓励企业积极响应倡议。各商业银行、丝路基金、国有及区域政策性银行加强了对"一带一路"倡议重点项目的中长期信贷支持，降低贷款成本、缩短审批流程等措施满足了投资企业的资金需求。2018年，上海和深圳证券交易所开展"一带一路"专项债券试点，进一步保障了股票与债券市场融资渠道的通畅。这些政策有利于参与倡议企业以较低的融资成本，在较短的时间内获得资金，削弱了企业利用避税增加投资现金流的动机。此外，国家税务总局对"走出去"企业提供了诸多税收激励和政策扶持，包括优惠税率与研发费用加计扣除（赵书博和胡江云，2016）等，这些举措降低了企业的经营成本（徐思等，2019）。

从企业层面来看，参与倡议企业可以利用建设周期较长的固定资产投资项目的折旧与摊销等费用进行税收抵扣，高科技企业可以同时享受更低的所得税税率与更高的研发费用抵扣率。与此同时，"一带一路"沿线各国在居民企业身份认定、法定税率、亏损结转周期等方面的税制差异为对外投资企业进行税收筹划提供了可能性（庞淑芬等，2017）。相比于未参与"一带一路"倡议的企业，参与倡议企业更有能力与动机投资低税率国家，降低自身经营成本。此外，我国与多个"一带一路"周边国家和地区签订了双边税收协定。在协定框架下，企业可以享受更低的所得税税率，重复征税问题得到有效解决，对外投资的税收成本更低（曹明星和刘奇超，2016）。

"一带一路"倡议是我国推进高水平对外开放的重要举措，企业在参与倡议过程中能获得一定程度的政治资源与政策扶持。无论是税法允许的税费抵扣，还是双边税收协定都表明政府通过提供各种优惠政策发挥"扶持之手"的作用（Frye & Shleifer，1997）。综上所述，"一带一路"倡议的实施可能通过政策激励和税收协定降低企业税负水平。本书预期相对于未参与"一带一路"倡议的企业，参与倡议企业的税负水平较低。基于此，本书提出如下假设：

H4_1b：相对于未参与"一带一路"倡议的企业，参与"一带一路"倡议的企业税负水平显著降低。

二、研究设计

（一）样本选择与数据来源

本书以 2014 年实施的"一带一路"倡议为政策冲击，以倡议实施前后五年（即 2009—2018 年）的中国 A 股上市公司作为研究对象，考察参与倡议企业的税负水平相较于未参与倡议企业的税负水平是否发生变化。数据筛选过程如下：①剔除缺失值、ST 企业与金融行业企业；②剔除税前利润与支付的现金税费小于零的样本；③删除当年上市的企业；④将所有现金实际税率大于 1 的样本的现金实际税率赋值为 1；⑤将税收优惠与研发支出的缺失值赋值为 0；⑥剔除收到的税费返还大于支付的现金税费的样本。经过以上筛选，最后获得 6085 个企业–年度观测值。此外，本书对所有连续变量在 1% 与 99% 分位进行缩尾（Winsorize）以去除极端值对结果的干扰，标准误在国家层面聚类。

"一带一路"沿线国家名单通过整理中国一带一路网提供的信息，并对比王桂军和卢潇潇（2019b）以及徐思等（2019）提供的一带一路国家名单后获得[①]。本书根据企业名称对样本企业与商务部《境外投资企业（机构）名录》中的企业进行手工匹配，识别企业是否投资"一带一路"周边国家。本书剔除了未参与对外直接投资的观测样本，将对外直接投资地区是"一带一路"沿线国家的公司定义为处理组，将对外直接投资地区是其他非"一带一路"沿线国家的公司定义为控制组。上市公司财务数据获取自国泰安 CSMAR 数据库，公司研发支出数据来源于万得 Wind 数据库。

（二）变量定义

1. 企业税负水平

衡量企业税负的核心在于计算企业在一定时期内实际缴纳的各项税款之和占当期计税依据的比例。一些学者以所得税税负作为企业税负水平的代理变量（吴联生，2009；陈春华等，2019；赵纯祥等，2019），即企业实际税率（企业税负）等于所得税费用除以息税前利润。一些学者将企业利润总额而非税前利润作为实际税率指标的分母（范子英和赵仁杰，2020；田彬彬等，2020），即实际税率等于所得税费用除以利润总额。然而，一些学者认为以所得税税率衡量企业税负的方式忽略了增值税这一重要税种，可能低估企业的实际税负（刘骏和刘峰，2014；白云霞等，2019）。因此，在同时考虑直接税负与间接税负的情况下，企业的实际税率用支付的各项税费与收到的税费返还之差与营业收入的比值表示。

本书的企业税负水平（CETR）用企业的现金实际税率表示，等于企业缴纳的现金税费除以税前利润（Bradshaw et al.，2019）。该指标不受母国与东道国税制差异与是否签订双边税收协定（双边税收协定通常会约定低于一国法定税率的优惠税率）的影响。现金实际税率越低，企业税负水平越低。

---

① "一带一路"沿线共 64 个国家（不包括中国），详细国家名单见徐思等（2019）附录表 2。

2. "一带一路"倡议

treat 为分组变量。参与对外直接投资且投资地为"一带一路"倡议沿线国家的公司为处理组,treat=1;参与对外直接投资且投资地为非倡议沿线国家的公司为控制组,treat=0。尽管"一带一路"倡议于 2013 年 9 月被提出,但该倡议在 2014 年正式开始实施。因此,2009—2013 年为政策实施前期,post 取值为 0;2014—2018 年为政策实施后期,post 取值为 1。交乘项 treat×post 的系数 θ 表示在"一带一路"倡议实施后,相比于未参与倡议企业,参与倡议企业税负水平的变化。

3. 控制变量

控制变量(X_{it})表示一系列影响企业税负水平的因素。企业层面的控制变量包括:企业规模(LNTA)、企业年龄(AGE)、账面杠杆率(LEV)、市值账面比(MB)、销售收入增长率(SG)、现金(CASH)、盈利能力(ROA)、成长机会(TQ)、投资收益(RET)、资产结构(PPE 和 INTAN)、研发支出(RD)、折旧与摊销(DEP)、亏损结转(NOL)、非经常性损益(EITEMS)和公司治理水平[包括二职合一(DUAL)、盈余管理(DA)以及股权集中度(SHARE)]。资产结构通过折旧与摊销的抵税作用影响企业的税负水平,固定资产占比越大,税负水平越低。企业规模通过影响税收议价能力与避税成本影响公司税负,大规模企业的税收议价能力更强,但同时可能面临更严格的外部监管,因此企业税负水平可能更高或者更低。利息的税收抵扣作用使杠杆率更高的企业享受更多的债务税盾(范子英和赵仁杰,2020)。企业的盈利能力越突出,应纳税所得额越大,但盈利能力强的公司可能更有动机进行避税活动,因此盈利能力与税负水平相关性的方向不确定(Zimmerman,1983)。较好的公司治理可以降低企业的激进避税行为(赵纯祥等,2019),因而可能提高企业的税负水平。

此外,本书还控制了东道国国家层面的影响企业税负的因素(Joshi,

2020），包括：投资东道国的平均国内生产总值（$AGDP$）、平均法定所得税税率（$LOWTAX$），以及投资东道国的数量（$NUMBER$）。各变量定义见表4-2。

表4-2 变量定义

变量类型	变量	定义
被解释变量	CETR	企业税负水平，以企业的现金实际税率表示，等于支付的现金税费除以税前利润
解释变量	treat	在所有进行对外直接投资的企业中，投资地为倡议沿线国家的企业（处理组）被赋值为1，投资地为其他非倡议沿线国家的企业（控制组）被赋值为0
	post	"一带一路"倡议实施前的年份（2009—2013年）被赋值为0，倡议实施后的年份（2014—2018年）被赋值为1
控制变量	LNTA	企业规模，年末总资产的自然对数
	AGE	企业年龄，等于1加上当前年份减去上市年份后的自然对数
	LEV	账面杠杆率，年末总负债与总资产的比值
	MB	市值账面比，每股股价乘以流通在外的股票数量除以所有者权益
	SG	销售收入增长率，等于第 t 年与第 $t-1$ 年的销售收入之差除以第 $t-1$ 年的销售收入
	CASH	年末持有的现金及现金等价物与总资产的比值
	ROA	盈利能力（总资产收益率），扣除折旧前经营性收入除以总资产
	TQ	企业成长机会（托宾 Q 值），总资产减去所有者权益加上年末流通在外的普通股股数与股价之积，除以总资产
	RET	投资收益，投资收益除以年末利润总额
	PPE	资产结构，年末固定资产与总资产的比值
	INTAN	资产结构，年末无形资产与总资产的比值
	RD	研发支出，年末研发费用与总资产的比值
	DEP	折旧与摊销费用除以年末总资产
	NOL	营业净损失的虚拟变量，当期初结转的上一年营业净损失大于0时，取值为1，否则取值为0
	EITEMS	非经常性损益，非经常性项目除以年末总资产
	DUAL	二职合一虚拟变量，当董事长与首席执行官（CEO）为同一人兼任时取值为1，否则取值为0
	DA	盈余管理程度，用修正琼斯模型计算的应计总额与非操纵性应计之差表示

第四章 "一带一路"倡议对企业税负的影响

续表

变量类型	变量	定义
控制变量	SHARE	股权集中度，以第一大股东持股比例表示
	AGDP	企业 i 在第 t 年投资的所有东道国的平均国内生产总值的自然对数
	LOWTAX	若企业 i 在第 t 年投资的所有东道国的平均法定企业所得税税率小于我国的法定企业所得税税率（即25%），取值为1，否则取值为0
	NUMBER	企业 i 在第 t 年投资的所有东道国的数量

（三）模型设定

已有文献主要采用双重差分法（DID）检验实施"一带一路"倡议对国内企业的影响（陈胜蓝和刘晓玲，2018；王桂军和卢潇潇，2019b；徐思等，2019）。类似地，本书构造如下双重差分模型（4.1）检验"一带一路"倡议对企业税负水平的影响：

$$CETR_{it} = \theta(treat_{it} \times post_{it}) + \beta_1 treat_{it} + \beta_2 post_{it} + \beta_3 x_{it} + \lambda_t + \mu + trend_{t,j} + \varepsilon_{it} \quad (4.1)$$

其中，i、t、j 分别表示企业、年份和省份；被解释变量 $CETR_{it}$ 表示企业 i 在第 t 年的税负水平；λ_t、μ 分别表示年份固定效应与投资东道国的国家固定效应；$trend_{t,j}$ 代表地区（省份）层级随时间变化的不可观测因素（王桂军和卢潇潇，2019b）；ε_{it} 为随机扰动项。若在倡议实施后，处理组企业税负水平上升，则交乘项 $treat \times post$ 的系数 θ 应显著为正；若参与倡议企业税负水平下降，则交乘项的系数 θ 应显著为负。

由于"一带一路"倡议从开始实施到对投资企业的税负水平产生影响需要一定的时间，并且企业自身的税收策略在一段时间内具有持续性，本书预期"一带一路"倡议对企业税负水平的影响在不同年份可能存在差异。参考钱雪松等（2018）与王桂军和卢潇潇（2019b）的方法，本书采用模型（4.2）识别"一带一路"倡议影响企业税负水平的动态效应：

$$CETR_{it} = \sum_{t=2014}^{t=2018} \theta_t(treat_{it} \times yeart) + \beta_1 treat_{it} + \beta_2 post_{it} + \beta_3 x_{it} + \lambda_t + \mu + trend_{t,j} + \varepsilon_{it} \quad (4.2)$$

其中，$year_t$ 是年份虚拟变量，分别取值 2014、2015、2016、2017 和 2018；交乘项系数 θ_t 衡量"一带一路"倡议对企业税负影响的时间变化趋势；其他变量定义与模型（4.1）中的描述相同。

三、结果分析

（一）主回归结果

1. 描述性统计

表 4-3 为主要变量的描述性统计，结果显示，企业税负水平的最小值为 0，最大值为 1，标准差为 0.154，表示观测企业的税负水平存在差异。分组变量 treat 的平均值为 0.319，表明有 31.9% 的样本企业投资"一带一路"沿线国家。

从企业特征来看，样本企业的平均年龄为 2.161。企业规模最小值为 19.151，最大值为 25.879，企业规模差异较大。样本企业的平均固定资产（无形资产）占比为 20.8%（4.6%）。杠杆率（资产负债率）的平均值为 45.4%，标准差为 0.204，表明观测值的账面杠杆率显著不同。观测值中 10% 的样本存在上年亏损结转至本期期初的情况。样本企业的平均现金持有量约占总资产的 15.3%，平均销售收入增长率为 19.6%。在 26.7% 的样本企业中，CEO 与董事长由同一人兼任。企业的股权集中度差异较大，最小值为 8.9%，最大值为 75.8%。

从投资东道国特征来看，样本企业投资东道国的平均国内生产总值的自然对数为 27.517，平均投资东道国数量为 2.676 个，有 68.2% 的样本企业投资东道国的平均企业所得税税率低于我国的法定企业所得税税率。

表 4-3 主要变量描述性统计

变量	观测值	均值	标准差	最小值	中位数	最大值
treat	6085	0.319	0.466	0.000	0.000	1.000
post	6085	0.719	0.450	0.000	1.000	1.000
CETR	6085	0.190	0.154	0.000	0.161	1.000

续表

变量	观测值	均值	标准差	最小值	中位数	最大值
$DUAL$	6085	0.267	0.442	0.000	0.000	1.000
DA	6085	0.068	0.072	0.001	0.047	0.557
NOL	6085	0.100	0.300	0.000	0.000	1.000
AGE	6085	2.161	0.733	0.000	2.197	3.367
$LNTA$	6085	22.624	1.387	19.151	22.386	25.879
LEV	6085	0.454	0.204	0.049	0.452	1.088
PPE	6085	0.208	0.154	0.002	0.175	0.736
$INTAN$	6085	0.046	0.049	0.000	0.035	0.318
RD	6085	0.016	0.018	0.000	0.012	0.078
$EITEMS$	6085	0.003	0.007	−0.002	0.000	0.038
ROA	6085	0.040	0.053	−0.253	0.036	0.209
MB	6085	3.988	2.597	1.154	3.361	22.405
SG	6085	0.196	0.416	−0.629	0.126	3.807
$CASH$	6085	0.153	0.113	0.007	0.122	0.692
$SHARE$	6085	0.351	0.153	0.089	0.330	0.758
TQ	6085	1.987	1.220	0.905	1.593	8.663
RET	6085	0.241	0.656	−0.743	0.044	4.762
DEP	6085	0.022	0.014	0.001	0.019	0.076
$AGDP$	6085	27.517	1.659	20.199	27.021	31.318
$LOWTAX$	6085	0.682	0.466	0.000	1.000	1.000
$NUMBER$	6085	2.676	4.819	1.000	2.000	86.000

表4-4列示了主要变量的分组均值t检验的结果。本书考察的主要变量——企业税负水平（$CETR$）在处理组与控制组间的差异显著为负，处理组的税负水平高于控制组的税负水平。在控制变量中，非经常性损益、总资产收益率、市账比与投资收益率的分组均值差异不显著或显著性较低，其他主要变量的分组均值差异均在5%的水平上显著。

表 4-4 分组均值 t 检验

变量	控制组	控制组均值	处理组	处理组均值	均值差异	Wilcoxon test
CETR	4141	0.111	1944	0.154	−0.043***	−3.825***
DUAL	4141	0.284	1944	0.230	0.054***	4.446***
DA	4141	0.069	1944	0.065	0.004**	2.844***
NOL	4141	0.107	1944	0.085	0.022***	2.708***
AGE	4141	2.116	1944	2.257	−0.141***	−6.622***
LNTA	4141	22.434	1944	23.037	−0.603***	−15.443***
LEV	4141	0.429	1944	0.506	−0.078***	−14.017***
PPE	4141	0.212	1944	0.200	0.013***	3.219***
INTAN	4141	0.047	1944	0.044	0.003**	1.171
RD	4141	0.016	1944	0.015	0.001**	1.263
EITEMS	4141	0.003	1944	0.003	0.000	−2.210**
ROA	4141	0.039	1944	0.040	−0.001	0.903
MB	4141	4.002	1944	3.958	0.043	−2.096**
SG	4141	0.206	1944	0.175	0.031***	0.512
CASH	4141	0.155	1944	0.147	0.008**	1.057
SHARE	4141	34.232	1944	36.840	−2.608***	−6.383***
TQ	4141	2.096	1944	1.756	0.340***	11.120***
RET	4141	0.252	1944	0.218	0.034*	1.397
DEP	4141	0.022	1944	0.021	0.001***	4.282***
AGDP	4141	27.618	1944	27.302	0.316***	5.551***
LOWTAX	4141	0.698	1944	0.648	0.051***	3.944***
NUMBER	4141	1.698	1944	4.757	−3.058***	−36.239***

注 ***、**、* 分别表示 1%、5% 和 10% 的显著性水平，本章下表同。

2. 相关系数

表 4-5 展示了主要变量的相关系数矩阵，由此可知：企业税负水平变量（CETR）与主要控制变量（不包括 PPE、EITEMS、SG、DEP、LOWTAX、NUMBER 变量）间的相关系数均在 1% 的显著性水平上显著。其中，企业税负水平与杠杆率、企业年龄、公司规模、无形资产占比、市账比与投资收益率

等公司特征变量正相关,与盈余管理程度、研发支出、总资产收益率、现金持有量以及东道国平均国内生产总值等变量负相关。为避免变量多重共线性的影响,本书对方差膨胀因子大于 10 的变量进行了标准化,模型(4.1)不存在多重共线性问题。

3. 主回归分析

(1)平行趋势假设检验

本书首先对处理组与控制组在政策实施前后的税负水平进行平行趋势检验。在图 4-1 中,横轴表示样本期间,纵轴表示企业现金实际税率的平均值。实线表示处理组企业(Treat)在样本期内平均税负水平的变化趋势,虚线表示控制组企业(Control)的平均税负变化趋势。具体来看,在"一带一路"倡议实施前期(2009—2013 年),处理组与控制组企业的税负水平均在波动中先下降后小幅上升。在倡议实施后期(2014—2018 年),处理组的税负水平持续下降,而控制组的税负水平持续上升。自 2015 年开始,处理组的税负水平低于控制组的税负水平。上述结果初步证实了"一带一路"倡议降低了参与倡议企业的税收负担,平行趋势假设基本得到满足。

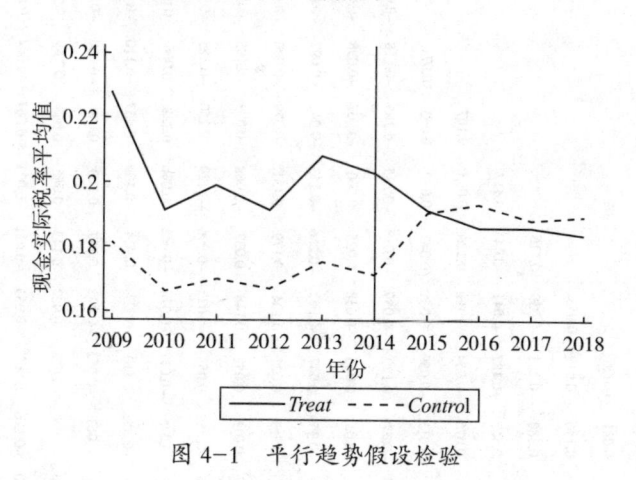

图 4-1 平行趋势假设检验

(2)双重差分估计

本书采用双重差分模型(4.1)估计"一带一路"的实施对参与倡议企业税

表 4-5 主要变量相关系数矩阵

变量	CETR	LEV	DUAL	DA	NOL	AGE	LNTA	PPE	INTAN	RD	EITEMS	ROA	MB	SG	CASH	SHARE	TQ	RET	DEP	AGDP	LOWTAX
LEV	0.136																				
DUAL	-0.038	-0.130																			
DA	-0.033	0.081	0.026																		
NOL	0.063	0.146	-0.019	0.053																	
AGE	0.126	0.380	-0.201	-0.039	0.116																
LNTA	0.098	0.567	-0.187	-0.041	-0.041	0.417															
PPE	-0.014	0.075	-0.054	-0.011	0.120	0.063	0.107														
INTAN	0.052	0.015	-0.050	-0.065	0.043	0.032	0.053	0.071													
RD	-0.148	-0.278	0.120	-0.059	-0.018	-0.235	-0.265	-0.118	-0.010												
EITEMS	0.005	-0.051	0.046	-0.018	0.025	0.060	-0.002	-0.098	-0.017	-0.046											
ROA	-0.069	-0.359	0.047	-0.082	-0.266	-0.143	-0.041	-0.097	-0.056	0.148	0.019										
MB	0.013	0.367	0.021	0.104	0.179	0.131	-0.079	-0.070	-0.014	0.080	-0.110	-0.131									
SG	-0.007	0.015	0.052	0.148	0.032	-0.068	-0.033	-0.105	0.002	0.016	0.004	0.170	0.045								
CASH	-0.065	-0.389	0.053	-0.023	-0.096	-0.229	-0.250	-0.325	-0.134	0.215	-0.053	0.235	-0.062	-0.005							
SHARE	0.047	0.075	-0.037	-0.014	-0.048	-0.086	0.228	0.066	0.018	-0.104	-0.086	0.078	-0.038	-0.026	0.040						
TQ	-0.069	-0.355	0.110	0.027	0.034	-0.109	-0.457	-0.110	-0.024	0.316	-0.090	0.194	0.596	0.046	0.181	-0.095					
RET	0.128	0.061	-0.053	-0.032	0.197	0.180	0.044	-0.060	-0.036	-0.085	0.136	-0.081	0.005	-0.083	-0.067	-0.048	-0.032				
DEP	-0.010	0.015	-0.028	-0.023	0.143	0.066	0.048	0.774	0.225	0.028	-0.031	-0.115	-0.030	-0.115	-0.268	0.047	-0.024	-0.052			
AGDP	-0.060	-0.126	0.069	-0.035	-0.011	-0.075	-0.067	-0.004	0.011	0.118	0.053	0.050	-0.052	-0.002	0.026	-0.022	0.055	0.001	0.008		
LOWTAX	-0.001	0.014	-0.004	0.003	0.005	0.058	0.031	0.004	-0.048	-0.097	0.087	-0.013	-0.019	0.010	-0.046	-0.020	-0.028	0.010	0.009	-0.449	
NUMBER	-0.011	0.183	-0.034	-0.037	-0.010	0.028	0.260	-0.074	0.015	0.049	-0.036	-0.015	0.021	-0.020	0.013	0.071	-0.099	-0.023	-0.057	0.115	-0.157

注：加粗数值表示该相关系数在 1% 的显著性水平上显著。

负水平的影响，表4-6列（1）报告了DID模型（4.1）的估计结果：在控制了影响企业税负水平的因素、年份固定效应、东道国国家固定效应与省份时间趋势后，交乘项 *treat×post* 的系数在5%的水平上显著为负[①]。这说明，相比于未投资"一带一路"周边国家的企业，投资沿线国家企业的税负水平显著降低。即"一带一路"倡议有效缓解了参与倡议企业的税收负担，假设H4_1b得到支持。与已有文献结论一致（赵纯祥等，2019；范子英和赵仁杰，2020），大型企业有更强的税收议价能力，更可能获得政府补贴等政策支持，税负水平相对较低；盈余管理程度较高的企业更有可能通过隐藏利润的方式降低应纳税额；利润率较高企业的税收筹划收益更高，更有动机降低税负水平。

本书采用模型（4.2）识别"一带一路"倡议对企业税负影响的动态效应，表4-6列（2）报告了模型（4.2）的估计结果：在倡议实施后的两年（2014年与2015年），交乘项 *treat×year* 的系数为正且不显著；从2016年开始，该系数为负且显著性逐渐增加。这说明"一带一路"倡议从开始实施、完善配套政策到深化与沿线国家合作不是一蹴而就的，参与倡议企业从合理利用税收优惠条件到制定税收策略需要一定时间。因此，"一带一路"倡议对企业税负的缓解作用在政策实施后的第三年开始显现。

表4-6 "一带一路"倡议与企业税负水平

被解释变量 = CETR	（1）双重差分	（2）动态效应
treat×post	−0.039** （−2.117）	
*treat×year*2014		0.017 （0.936）
*treat×year*2015		0.014 （0.763）
*treat×year*2016		−0.022 （−1.224）

[①] 同时控制年份固定效应、企业个体固定效应与省份时间趋势，该结论保持不变。

续表

被解释变量 = CETR	（1）双重差分	（2）动态效应
treat×year2017		−0.031*
		（−1.664）
treat×year2018		−0.046**
		（−2.417）
treat	0.001	0.010
	（0.049）	（0.652）
post	−0.026	0.005
	（−1.347）	（0.209）
LEV	0.337***	0.340***
	（7.902）	（7.815）
DUAL	0.004	0.002
	（0.582）	（0.262）
DA	−0.359***	−0.133***
	（−7.919）	（−2.871）
NOL	0.019*	0.017
	（1.721）	（1.270）
AGE	0.058***	0.054***
	（6.412）	（8.063）
LNTA	−0.025***	−0.018***
	（−3.709）	（−3.662）
PPE	0.004	−0.022
	（0.089）	（−0.498）
INTAN	0.042	0.010
	（0.393）	（0.113）
RD	0.759**	0.988***
	（2.393）	（3.932）
EITEMS	−1.538**	−1.390**
	（−2.419）	（−2.151）
ROA	−2.656***	−3.713***
	（−26.618）	（−26.020）
MB	−0.011**	−0.013***
	（−2.303）	（−3.246）

第四章 "一带一路"倡议对企业税负的影响

续表

被解释变量 = CETR	（1）双重差分	（2）动态效应
SG	−0.047***	−0.053***
	（−6.013）	（−5.336）
CASH	0.024	0.088**
	（0.685）	（2.271）
SHARE	0.001***	0.001***
	（2.780）	（3.659）
TQ	0.005	0.020***
	（0.672）	（2.676）
RET	0.014***	0.004
	（2.616）	（0.708）
DEP	0.663	1.629***
	（1.241）	（3.324）
AGDP	0.001	0.001
	（0.061）	（0.079）
LOWTAX	−0.019	−0.009
	（−1.258）	（−0.543）
NUMBER	−0.066	−0.028
	（−0.753）	（−0.346）
Cons	1.042***	0.886***
	（5.826）	（6.378）
Year	Yes	Yes
Country	Yes	Yes
Year×prov	Yes	Yes
N	6085	6085
R^2	0.563	0.559

注 ***、**、*分别表示1%、5%和10%的显著性水平。所有回归均采用稳健标准误估计，标准误在国家层面聚类，括号内显示 t 值。Year 表示时间固定效应，Country 表示投资东道国的国家固定效应，Year×prov 表示时间效应与省份虚拟变量的交乘项，即地区层面随时间变化的不可观测因素，本章下同。列（1）报告了 DID 模型（4.1）的回归结果，即"一带一路"倡议对参与倡议企业税负水平的影响；列（2）报告了模型（4.2）的回归结果，即"一带一路"倡议对企业税负影响的动态效应。

(二)异质性分析

本书将从所有权性质、产业类型、税收征管强度三个方面检验"一带一路"倡议对参与倡议企业税负水平影响的异质性。

1. 所有权性质

在"一带一路"倡议实施初期,政府大力支持企业对倡议周边国家的交通基础设施、通讯基础设施与能源开发等领域进行投资。由于这些项目体量较大,对投入资本规模要求较高,投资主体主要是大型国有企业。随着"一带一路"倡议的持续推进,对外投资领域更加多元化,超七成对外投资流向服务业与零售业等行业,民营企业的参与度与对外投资占比不断提升。因此,本书预期"一带一路"倡议对不同所有权性质、不同行业企业的影响存在异质性。

本书根据实际控制人的性质将样本企业划分为国有企业(SOE=1)与民营企业(SOE=0);根据商务部《境外投资企业(机构)名录》中对外直接投资企业的信息将国有企业进一步划分为中央国有企业($CSOE$=1)与地方国有企业($CSOE$=0)。表4-7报告了根据企业所有权性质对模型(4.1)进行分组回归的结果。列(1)、列(2)结果显示:交乘项 $treat \times post$ 的系数在民营企业(SOE=0)中显著为负,而在国有企业(SOE=1)中为正且不显著。这说明"一带一路"倡议对企业税收负担的缓解作用在民营企业中更明显。首先,相比于民营企业,国有企业对"一带一路"项目的资金投入量更大且建设周期更长,企业难以在短时间内通过享受税收优惠与政策支持降低税负。而民营企业为降低经营成本、节约现金流,更有动机通过合理利用各种政策优惠降低自身税负。其次,国有企业与政府的关系更密切,官员晋升动机与资源交换需求可能导致其面临较高的税负(Chen et al., 2021)。列(3)、列(4)结果显示:交乘项 $treat \times post$ 的系数在地方国企($CSOE$=0)中显著为负,而在中央国企($CSOE$=1)中为正且不显著。

这一结果表明投资"一带一路"倡议显著降低了地方国企的税收负担。

表 4-7 异质性分析——所有权性质

被解释变量 = CETR	（1）SOE=1	（2）SOE=0	（3）CSOE=1	（4）CSOE=0
treat×post	0.025	−0.029**	0.070	−0.083*
	(1.322)	(−1.987)	(1.380)	(−1.713)
LEV	0.271***	0.323***	0.029	0.406***
	(4.490)	(5.885)	(0.223)	(4.803)
DUAL	0.023	0.000	0.094***	0.014
	(1.417)	(0.019)	(2.732)	(0.804)
DA	−0.368***	−0.351***	−0.209	−0.283***
	(−4.326)	(−6.477)	(−1.309)	(−4.583)
NOL	−0.011	0.047***	−0.043	0.019
	(−0.754)	(3.025)	(−1.418)	(1.074)
AGE	0.080***	0.061***	0.066**	0.074***
	(5.972)	(4.415)	(2.583)	(4.715)
LNTA	−0.008	−0.044***	0.027*	0.002
	(−1.014)	(−6.210)	(1.794)	(0.191)
PPE	0.171**	−0.066	−0.022	0.306***
	(2.379)	(−0.811)	(−0.132)	(4.037)
INTAN	0.029	0.072	−0.820*	0.157
	(0.267)	(0.475)	(−1.696)	(1.217)
RD	0.993**	0.641**	1.109	0.817*
	(2.302)	(2.110)	(0.998)	(1.785)
EITEMS	−1.466*	−1.442	−0.214	−1.011
	(−1.712)	(−1.358)	(−0.092)	(−1.309)
ROA	−2.849***	−2.556***	−2.440***	−3.379***
	(−11.958)	(−22.080)	(−7.512)	(−14.000)
MB	−0.010**	−0.007	−0.007*	−0.020***
	(−2.183)	(−0.900)	(−1.762)	(−3.831)
SG	−0.022	−0.060***	−0.002	−0.034
	(−1.499)	(−6.473)	(−0.055)	(−1.512)
CASH	0.180***	−0.049	−0.414**	0.411***
	(2.728)	(−1.354)	(−2.313)	(3.504)
SHARE	−0.000	0.001**	−0.004	0.001
	(−0.184)	(2.054)	(−1.217)	(1.269)

续表

被解释变量 = CETR	（1）SOE=1	（2）SOE=0	（3）CSOE=1	（4）CSOE=0
TQ	0.000	−0.004	−0.026**	0.044***
	（0.006）	（−0.297）	（−2.189）	（3.978）
RET	0.017**	0.015**	0.038***	0.011
	（2.461）	（1.996）	（3.840）	（1.238）
DEP	−1.158	0.909	−4.563**	−0.442
	（−1.181）	（1.323）	（−2.444）	（−0.450）
AGDP	−0.002	−0.000	0.008	−0.013
	（−0.182）	（−1.230）	（0.271）	（−1.292）
LOWTAX	−0.031	−0.018	−0.025	−0.034
	（−1.296）	（−0.952）	（−0.644）	（−1.208）
NUMBER	0.029*	−0.181***	0.064	0.064***
	（1.812）	（−21.721）	（0.463）	（3.523）
Cons	0.724**	2.286***	0.035	0.481
	（1.984）	（14.399）	（0.022）	（1.156）
Year	Yes	Yes	Yes	Yes
Country	Yes	Yes	Yes	Yes
Year×prov	Yes	Yes	Yes	Yes
N	2326	3759	691	1635
R^2	0.623	0.559	0.752	0.616
Chi^2	3.20*		8.59***	

注　表中列（1）、列（2）报告了模型（4.1）在国有企业与民营企业中的分组回归结果，列（3）列（4）报告了模型（4.1）在中央国有企业与地方国有企业中的分组回归结果。组间系数差异检验统计量用 Chi^2 表示，本章下同。

2. 产业类型

本书借鉴徐思等（2019）列出的"一带一路"对外投资合作重点产业名称，并对照《上市公司行业分类指引（2012年修订）》将样本企业所处行业划分为"一带一路"重点产业与非重点产业①。已有研究发现合作重点产业中的企业能获得更多政策支持与资源要素（杨兴全等，2018；徐思等，2019），能更有效地利用各种政策优惠降低自身税收负担。表4-8列示了根据企业是否处于重点产业对模型（4.1）进行分组回归的结果：与预期一致，交乘项 $treat \times post$ 的系数在重点产业（Key=1）中显著为负，在非重点产业（Key=0）中不显著。

表4-8 异质性分析——产业类型

被解释变量 = CETR	（1） Key=1	（2） Key=0
treat×post	−0.069*** （−3.175）	−0.003 （−0.145）
LEV	0.345*** （7.050）	0.326*** （6.460）
DUAL	0.008 （0.716）	0.010 （0.868）
DA	−0.619*** （−8.843）	−0.209*** （−4.400）
NOL	0.010 （0.611）	0.027** （2.037）
AGE	0.070*** （6.591）	0.027*** （2.662）
LNTA	−0.040*** （−4.766）	−0.012 （−1.135）
PPE	0.038 （0.505）	0.016 （0.231）
INTAN	−0.333** （−2.387）	0.089 （0.514）

---

① "一带一路"对外投资合作重点产业涵盖了基础设施、能源与金融服务业等多个产业，详情见商务部网站（https://www.yidaiyilu.gov.cn/xwzx/roll/16020.htm）。上述重点产业与证监会行业分类对照结果见徐思等（2019）附录表3。

被解释变量 = CETR	(1) Key=1	(2) Key=0
RD	1.190***	−0.026
	(3.321)	(−0.051)
EITEMS	−1.962**	−0.724
	(−2.224)	(−0.855)
ROA	−2.710***	−2.683***
	(−20.516)	(−14.336)
MB	−0.006	−0.014***
	(−1.118)	(−3.088)
SG	−0.059***	−0.042***
	(−2.822)	(−5.309)
CASH	−0.021	0.066
	(−0.382)	(0.857)
SHARE	0.001**	0.000
	(2.124)	(0.844)
TQ	−0.004	0.021***
	(−0.430)	(2.793)
RET	0.028***	0.006
	(5.139)	(0.782)
DEP	−0.622	2.107**
	(−0.895)	(2.421)
AGDP	−0.006	−0.003
	(−0.765)	(−0.238)
LOWTAX	−0.017	−0.025
	(−0.988)	(−1.175)
NUMBER	−0.089	0.094***
	(−1.299)	(7.445)
Cons	2.147***	0.696*
	(5.697)	(1.727)
Year	Yes	Yes

续表

被解释变量 = CETR	（1）Key=1	（2）Key=0
Country	Yes	Yes
Year×prov	Yes	Yes
N	2594	3491
R^2	0.597	0.603
Chi^2		2.71*

注　本表列（1）报告了模型（4.1）在重点产业中的分组回归结果，列（2）报告了模型（4.1）在非重点产业中的分组回归结果。

3. 税收征管强度

地方政府的税收征管强度直接影响企业的税收负担（田彬彬等，2020），进而影响参与"一带一路"倡议企业的税收策略与整体税负。本书拟使用地区的实际税收收入除以预期税收收入的结果来刻画该地区的税收征管强度（叶康涛和刘行，2011；陈德球等，2016），各地区的预期税收收入由以下模型（4.3）计算得到：

$$\frac{T_{pt}}{GDP}=\alpha_0+\alpha_1\frac{INDF}{GDP}+\alpha_2\frac{INDS}{GDP}+\alpha_3\frac{OPENNESS}{GDP}+\varepsilon \quad (4.3)$$

其中，被解释变量 T_{pt}/GDP 为各地区年末税收收入除以当年国民生产总值；解释变量 INDF（INDS）为某地区在第 t 年的第一产业（第二产业）产值；OPENNESS 表示该地在第 t 年的进出口贸易总值。首先，将以上数据分别代入模型（4.3）进行回归得到各解释变量的系数。然后，计算预期税收收入 T_{pt}/GDP，记为 TP_{PT}。最后，计算地区税收征管强度（T_1），它等于各地实际税收收入与预期税收收入之比，即 $T_1=T_{PT}/TP_{PT}$。若企业所在地区税收征管强度高于（低于）当年其他地区税收征管强度，则其面临的税收征管强度较高（较低），HTE=1（HTE=0）。

表4-9报告了根据地区税收征管强度对模型（4.1）进行分组回归的结果：

交乘项 *treat×post* 的系数在高税收征管强度企业（*HTE*=1）中显著为负，在低税收征管强度企业（*HTE*=0）中为正且不显著。这说明"一带一路"倡议显著降低了面临较高税收征管强度企业的税收负担，而对面临较低税收征管强度企业的税收负担的缓解作用不明显。当企业因母公司所在地税收征管强度较大而面临较高的税负时，他们更有动机通过合理利用各种政策激励（如税收优惠政策）与各国税制差异逃离这种税收负担。

表 4-9 异质性分析——税收征管强度

被解释变量 = CETR	（1） *HTE*=1	（2） *HTE*=0
treat×post	−0.022* （−1.679）	0.005 （0.222）
LEV	0.329*** （5.003）	0.276*** （2.937）
DUAL	−0.014 （−0.946）	0.002 （0.121）
DA	−0.468*** （−6.248）	−0.352*** （−4.682）
NOL	0.042** （2.487）	0.024* （1.807）
AGE	0.032*** （3.240）	0.057*** （5.341）
LNTA	−0.009 （−0.958）	−0.017 （−1.614）
PPE	−0.096 （−1.162）	0.005 （0.097）
INTAN	0.124 （0.751）	0.026 （0.154）
RD	0.806** （2.478）	0.947** （2.351）
EITEMS	−0.862 （−1.111）	−2.297** （−2.220）

第四章 "一带一路"倡议对企业税负的影响

续表

被解释变量 = CETR	（1）HTE=1	（2）HTE=0
ROA	-2.666***	-2.557***
	(-25.737)	(-16.476)
MB	-0.009***	-0.008
	(-2.886)	(-1.101)
SG	-0.057***	-0.049***
	(-6.051)	(-4.604)
CASH	-0.060	0.054
	(-0.908)	(1.139)
SHARE	0.001***	0.001
	(4.034)	(0.797)
TQ	0.009	-0.003
	(1.301)	(-0.273)
RET	-0.001	0.014***
	(-0.099)	(2.623)
DEP	1.288	1.076
	(1.636)	(1.555)
AGDP	0.002	-0.007
	(0.529)	(-0.591)
LOWTAX	0.003	-0.018
	(0.169)	(-0.821)
NUMBER	0.001*	-0.189***
	(1.731)	(-16.244)
Cons	0.685***	1.159***
	(3.164)	(2.693)
Year	Yes	Yes
Country	Yes	Yes
Year×prov	Yes	Yes
N	2865	2778
R^2	0.393	0.604
Chi^2	6.40**	

注　本表列（1）报告了模型（4.1）在高税收征管强度企业中的分组回归结果，列（2）报告了模型（4.1）在低税收征管强度企业中的分组回归结果。

（三）稳健性检验

1. 安慰剂检验

本书从两方面对 DID 模型（4.1）进行安慰剂测试。首先，构造虚假处理组与实验组。本书利用随机指定处理组与控制组的方法，生成了 6085 个介于 [0, 1) 之间均匀分布的随机数并重新划分处理组（$ftreat=1$）与控制组（$ftreat=0$）。表 4-10 列（1）报告了随机指定处理组与控制组后 DID 模型（4.1）的回归结果：交乘项 $ftreat \times post$ 的系数为负但不显著，说明主回归模型（4.1）的结果不是安慰剂。其次，构造虚假政策冲击年份。由于"一带一路"倡议在 2013 年被提出，本书将 2013 年作为政策冲击年份，并保留政策实施前后各四年的数据。2009—2012 年为倡议实施前期，$fpost=0$；2013—2016 年为倡议实施后期，$fpost=1$。表 4-10 列（2）报告了构造虚假政策冲击年份后 DID 模型（4.1）的回归结果：交乘项 $treat \times fpost$ 的系数为正且不显著，同样说明主回归模型（4.1）的结果不是安慰剂。综上所述，模型（4.1）的回归结果是可靠的。

表 4-10 安慰剂检验

被解释变量 = CETR	（1）随机指定处理组与控制组	（2）更改政策冲击年份
$ftreat \times post$	−0.042	
	(−0.577)	
$treat \times fpost$		0.044
		(0.795)
LEV	−0.000	−0.044
	(−0.001)	(−0.269)
DUAL	0.007	0.013
	(0.177)	(0.382)
DA	−0.030	0.023
	(−0.273)	(0.199)
NOL	−0.144	−0.194
	(−0.782)	(−1.032)

续表

被解释变量 = CETR	（1） 随机指定处理组与控制组	（2） 更改政策冲击年份
AGE	0.108*	0.083
	（1.652）	（1.145）
LNTA	0.014	0.032
	（0.427）	（0.725）
PPE	−0.413	−0.653
	（−0.919）	（−0.916）
INTAN	−0.453	−0.696
	（−0.971）	（−1.148）
RD	−2.989	−5.155
	（−0.939）	（−1.085）
EITEMS	5.517	5.636
	（1.354）	（1.350）
ROA	0.807***	0.047
	（2.624）	（0.164）
MB	−0.009	−0.013
	（−1.196）	（−1.404）
SG	−0.016	−0.034
	（−0.463）	（−0.642）
CASH	−0.359	−0.324
	（−1.539）	（−0.981）
SHARE	0.003	0.005
	（1.108）	（1.003）
TQ	0.020	0.027
	（1.154）	（1.246）
RET	−0.311	−0.348
	（−1.114）	（−0.939）
DEP	−0.573	−0.234
	（−0.461）	（−0.166）
AGDP	−0.000	0.000
	（−1.645）	（0.629）
LOWTAX	−0.110	−0.062
	（−0.850）	（−0.858）

续表

被解释变量 = CETR	（1）随机指定处理组与控制组	（2）更改政策冲击年份
NUMBER	−0.107*	0.009
	(−1.749)	(0.109)
Cons	0.020	−0.387
	(0.032)	(−0.544)
Year	Yes	Yes
Country	Yes	Yes
Year×proy	Yes	Yes
N	6085	4421
R^2	0.075	0.110

注　被解释变量 CETR 表示企业税负水平，ftreat 表示随机指定的处理组与控制组分组变量，fpost 表示虚假政策冲击时间的分组变量。列（1）列报告了随机指定处理组与控制组的安慰剂检验，列（2）报告了构造虚假政策冲击时间的安慰剂检验。

2. 企业税负水平的替代指标

在双重差分模型（4.1）中，被解释变量 CETR 用企业的现金实际税率，即企业缴纳的现金税费除以税前利润表示。在稳健性检验中，本书利用重新计算的现金实际税率 CETR2 作为衡量企业税负水平的替代指标，CETR2 等于支付的现金税费与收到的各项税费返还之差除以营业收入。表 4-11 列示了模型（4.1）的回归结果：当被解释变量为 CETR2 时，交乘项 treat×post 的系数仍然在 5% 的水平上显著为负，说明"一带一路"倡议缓解了企业税收负担这一结论不受被解释变量衡量指标选取的影响。

表 4-11　企业税负水平的替代指标

被解释变量 = CETR2	DID 模型（4.1）
treat×post	−0.005**
	(−2.472)
LEV	0.031
	(1.446)

续表

被解释变量 = CETR2	DID 模型（4.1）
DUAL	0.002
	（1.101）
DA	0.067*
	（1.897）
NOL	0.011*
	（1.652）
AGE	0.004
	（0.965）
LNTA	−0.001
	（−0.151）
PPE	−0.039***
	（−3.098）
INTAN	−0.015
	（−0.658）
RD	−0.027
	（−0.557）
EITEMS	0.259
	（0.931）
ROA	0.270***
	（2.943）
MB	−0.000
	（−0.359）
SG	−0.016**
	（−2.145）
CASH	0.045**
	（2.039）
SHARE	−0.000
	（−0.286）
TQ	0.001
	（0.424）
RET	−0.006**
	（−2.089）

续表

被解释变量 = CETR2	DID 模型（4.1）
DEP	0.027
	（0.133）
AGDP	−0.000
	（−0.498）
LOWTAX	−0.002
	（−0.878）
NUMBER	−0.003
	（−1.209）
Cons	0.098
	（0.542）
Year	Yes
Country	Yes
Year×prov	Yes
N	6085
R^2	0.229

注　本表报告了使用企业税负水平的替代指标 CETR2 后模型（4.1）的回归结果。

3. 倾向得分匹配法（PSM）

由于样本企业分布在不同行业，个体层面的特征差异与其他的不可观测因素可能导致有偏的双重差分估计。因此，本书采用倾向得分匹配法缓解其他因素而不是"一带一路"倡议造成了参与倡议企业税负下降的担忧。以模型（4.1）中的控制变量作为协变量，使用最大距离为 0.0001 的半径匹配，采用 logit 模型进行拟合。图 4-2 展示了各变量在 PSM 前后的标准化偏差：在匹配前（Unmatched），各协变量的标准化偏差较大；在匹配后（Matched），各协变量的标准化偏差均接近于 0。这说明倾向得分匹配较好地降低了处理组与控制组间的个体特征差异。

表 4-12 报告了匹配样本的双重差分估计结果。经过倾向得分匹配处理后，交乘项 treat×post 的系数在 1% 的水平上显著为负。与表 4-6 列（1）（treat×post

第四章 "一带一路"倡议对企业税负的影响

的系数为 –0.039，t 值为 –2.117）相比，表 4-12 中该系数的数值和 t 值均更大。这说明 PSM 较好地控制了处理组与控制组的个体差异与其他不可观测因素对模型（4.1）回归结果的干扰，再次支持了"一带一路"倡议降低了参与倡议企业的税负水平这一结论。

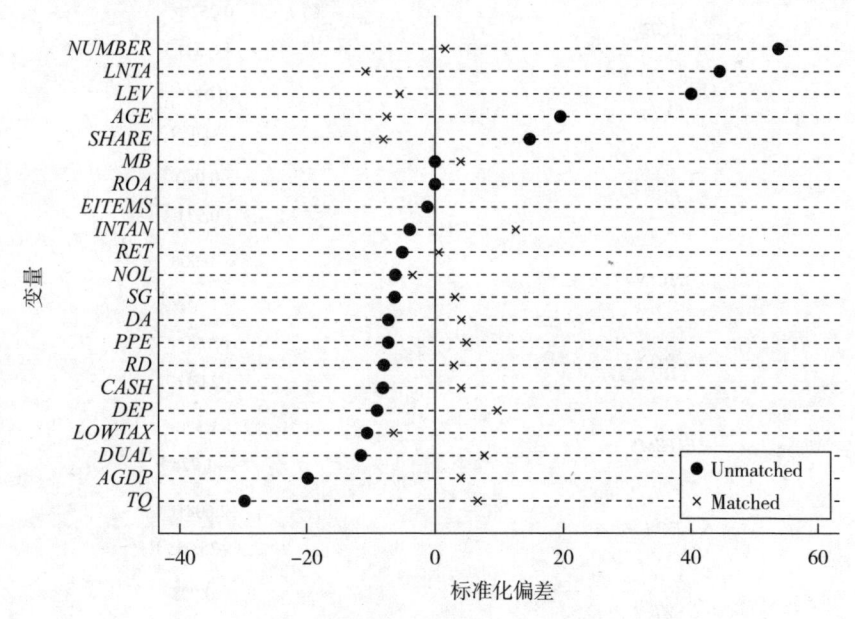

图 4-2 各变量匹配前后的标准化偏差

表 4-12 倾向得分匹配（PSM）

被解释变量 = CETR	匹配后样本的 DID 估计
treat×post	–0.061***
	（–3.091）
LEV	0.319***
	（7.395）
DUAL	0.004
	（0.494）
DA	–0.358***
	（–7.236）

续表

被解释变量 = CETR	匹配后样本的 DID 估计
NOL	0.029**
	(2.385)
AGE	0.057***
	(6.331)
LNTA	−0.024***
	(−3.469)
PPE	0.040
	(0.931)
INTAN	−0.006
	(−0.060)
RD	0.754**
	(2.047)
EITEMS	−1.370*
	(−1.925)
ROA	−2.608***
	(−25.083)
MB	−0.008
	(−1.561)
SG	−0.047***
	(−5.216)
CASH	0.016
	(0.435)
SHARE	0.001**
	(2.455)
TQ	0.002
	(0.283)
RET	0.012**
	(2.002)
DEP	0.414
	(0.693)
AGDP	0.005
	(0.539)

续表

被解释变量 = CETR	匹配后样本的 DID 估计
LOWTAX	−0.014
	(−0.924)
NUMBER	−0.200***
	(−39.822)
Cons	1.026***
	(3.498)
Year	Yes
Country	Yes
Year×prov	Yes
N	5741
R^2	0.530

注　本表报告了使用倾向得分匹配（PSM）后模型（4.1）的回归结果。

4. 其他稳健性检验

由于"一带一路"倡议在 2013 年末被提出，企业可能提前对此做出反应，将 2013 年定义为政策实施前期（post=0）可能造成双重差分模型（4.1）的有偏估计。因此，本书剔除了 2013 年的企业样本（共 574 个公司–年度观测值）并重新检验模型（4.1）。表 4-13 列（1）显示：交乘项 treat×post 的系数在 5% 的水平上显著为负，并且模型解释力（R^2）未受到样本规模减小的影响。即在控制"一带一路"倡议提出当年的影响后，倡议对投资企业税负的缓解作用仍然存在。

已有研究发现相比于投资非避税地，中国企业在投资避税天堂的过程中存在明显的利润转移行为（刘志阔等，2019）。企业利用避税地国家（地区）的低税率甚至零税率，通过设立子公司进行关联交易、操纵转移定价等方式进行税收筹划，达到境外避税的目的（白思达，2019；Akhtar et al.，2019）。为避免企业通过避税地进行利润转移对模型（4.1）的估计结果造成影响，本书借鉴王桂军和卢潇潇（2019b）的方法，删除了仅在避税地①投资的企业样本（共251个公司–年度观测值）。表4-13列（2）显示：在控制了企业投资避税地的影响后，解释变量 treat×post 的系数仍在5%的水平上显著为负，模型（4.1）的结论不变。

内生性问题。由于部分参与倡议企业可能具备利用境外子公司进行税收筹划的能力，导致处理组企业在"一带一路"倡议实施之前就已经表现出低于控制组企业税负水平的特征。然而，有两方面的证据可以缓解这种担忧。首先，在分组均值 t 检验中（见表4-4），处理组的税负均值高于控制组的税负均值，且该差异显著。其次，在平行趋势假设检验中（见图4-1），处理组的税负均值在"一带一路"倡议实施前期与当年（2009—2014年）始终高于控制组的税负均值。因此，现有证据不支持处理组企业在"一带一路"倡议实施前税负水平就已经较低这一可能性。

"营改增"政策的影响。我国自2012年初开始对服务性行业分时段、分地区实施"营业税改增值税"的改革（"营改增"）。"营改增"政策在时间与空间上存在不连续性，试点地区企业最先受到政策冲击，而其他非试点地区受到政策影响的时间较晚②。由于该政策影响众多行业，并且其全面实施的时间（2013年）早于"一带一路"倡议正式实施的时间（2014年），完全排除"营改增"政策的影响存在一定难度。作为尝试，本书借鉴王桂军和卢潇潇（2019b）的方法，剔除了所在省份或地区率先实施"营改增"政策的企业样本（共4415个公司–年度观测值），以缓解该政策的实施对DID估计结果的影响③。

---

① 避税地国家名单详情参考相关文献（Dyreng & Lindsey, 2009）表1（第1298页）。
② 该政策率先在上海进行试点，然后试点地区逐步扩大至全国的十个省份和直辖市。2013年，"营改增"在全国范围内全面实施。
③ 回归结果显示：尽管样本规模缩小至1670个公司–年度观测值，交乘项 treat×post 的系数仍然在5%的水平上显著为负。

表4-13 其他稳健性检验

被解释变量 = CETR	（1）删除倡议提出当年的样本	（2）删除投资避税地的样本
treat×post	−0.032**	−0.028**
	（−2.139）	（−1.974）
LEV	0.355***	0.344***
	（8.044）	（7.448）
DUAL	0.004	0.003
	（0.502）	（0.358）
DA	−0.360***	−0.397***
	（−7.316）	（−8.258）
NOL	0.022*	0.023*
	（1.702）	（1.881）
AGE	0.057***	0.054***
	（8.059）	（8.103）
LNTA	−0.028***	−0.023***
	（−5.377）	（−4.809）
PPE	0.021	−0.009
	（0.427）	（−0.191）
INTAN	0.017	0.003
	（0.183）	（0.029）
RD	0.655**	0.676***
	（2.536）	（2.739）
EITEMS	−1.571**	−1.539**
	（−2.554）	（−2.498）
ROA	−2.624***	−2.629***
	（−27.862）	（−28.684）
MB	−0.012***	−0.011***
	（−3.501）	（−3.005）
SG	−0.041***	−0.048***
	（−4.107）	（−5.062）
CASH	0.012	0.029
	（0.298）	（0.756）

续表

被解释变量 = CETR	（1）删除倡议提出当年的样本	（2）删除投资避税地的样本
SHARE	0.001***	0.001***
	（4.374）	（4.233）
TQ	0.006	0.008
	（0.867）	（1.064）
RET	0.017***	0.013***
	（3.591）	（2.847）
DEP	0.580	0.839*
	（1.101）	（1.676）
AGDP	0.002	0.003
	（0.195）	（0.261）
LOWTAX	−0.019	−0.021
	（−1.167）	（−1.272）
NUMBER	−0.069	−0.069
	（−0.871）	（−0.859）
Cons	1.022***	1.018***
	（3.149）	（7.262）
Year	Yes	Yes
Country	Yes	Yes
Year×prov	Yes	Yes
N	5511	5834
R^2	0.569	0.568

注　本表列（1）报告了剔除倡议提出当年的样本后模型（4.1）的回归结果，列（2）报告了删除投资避税地的样本后模型（4.1）的回归结果。

四、小结

从2013年首次被提出到2019年取得丰硕成果，六年来，"一带一路"倡议为中国企业"走出去"提供了政策支持、资金支持与服务保障。我国企业对沿线国家的直接投资规模不断增大、投资质量不断提升。与此同时，企业在对外投资过程中的税收负担问题受到实务界与学术界的广泛关注。一方面，"一带一

第四章 "一带一路"倡议对企业税负的影响

路"沿线各国在经济发展水平、法制环境与税收环境等方面差异较大,增加了对外投资企业利用各国税制差异进行税收筹划的难度。随着 BEPS 行动计划的开展,各国间的反避税与税务稽查合作不断深化,使得企业面临更高的避税风险与避税成本,税收负担增加。另一方面,我国政府为参与倡议企业提供了一系列政策扶持,有利于企业综合利用各种政策优惠降低自身的经营成本。母国与东道国间的双边税收协定避免了双重征税,降低了对外投资企业的税收不确定性。因此,"一带一路"倡议可能会通过增加监管、抑制避税提高参与倡议企业的税负,也可能会通过政策激励和税收协定降低参与倡议企业的税负。

本书利用 2009—2018 年 A 股非金融类上市公司数据对"一带一路"倡议对企业税负水平的影响进行双重差分估计,并进行了一系列稳健性检验。在此基础上,进一步从企业所有权性质、产业类型和税收征管强度三个方面对上述影响进行异质性检验。回归结果表明:首先,"一带一路"倡议显著降低了参与倡议企业的税负水平,并且这种影响随时间推移而不断增强。其次,异质性分析表明"一带一路"倡议对企业税收负担的缓解作用在民营企业、地方国有企业、合作重点产业以及面临较高税收征管强度的企业中更显著。最后,在经过平行趋势假设检验、安慰剂检验、使用替代衡量指标、倾向得分匹配与其他稳健性检验后,上述结论依然成立。

本书的研究丰富了"一带一路"倡议对微观企业影响的有关文献,验证了推进"一带一路"建设能有效降低参与倡议企业的税收负担这一假设。体现了"一带一路"倡议的实施进一步激发了"走出去"企业的经营活力,为建设高水平对外开放型经济提供了新动能。

第五章

"一带一路"倡议影响企业税负水平的机制分析

跨国公司的对外直接投资决策受到母国与东道国的政治、经济、法制环境以及双边关系等因素的影响，而这些因素又极大影响着对外投资企业的经营成本与预期收益，进而影响企业自身的税收筹划策略。由于不同国家间的税收制度与税收环境差异较大，对外直接投资企业在境外开展投资经营活动往往面临更高税负不确定性（见表5-1）。例如，"一带一路"沿线主要国家对居民与非居民企业的收入所得采取不同征税原则，居民身份的认定直接影响企业纳税所得额的计算。各国法定所得税税率的差异导致企业面临不同程度的所得税税负，在所得税税率较低的国家，如新加坡、俄罗斯、泰国等设立子公司或分支机构能有效降低企业税负。与此同时，一些国家征收分支机构利润汇回税，这就要求企业不但要在投资东道国缴纳所得税，还需要就汇回母国的所得向东道国缴税。印度尼西亚、巴基斯坦等国的资本弱化条款详细规定了企业债务与股权融资的比例，不利于企业利用债务利息支出进行税费抵扣。此外，亏损结转期限、折旧计提方法的税法规定与租赁方式的选择等都对企业的境外税收负担产生重要影响。充分、合理地利用母国与东道国的税收优惠政策与双边税收协定有助于降低企业的税负不确定性与税收风险。与此同时，企业可以通过选择存货计价方法和折旧方法的方式降低税基，通过在避税地或低税率国家开设子公司、操纵无形资产的方式转移利润，降低自身边际税率。

从宏观政策视角来看，我国政府为参与"一带一路"倡议企业提供了一系列的政策扶持与税收优惠。东道国政府也出台了相应的税收优惠政策吸引外国企业投资。此外，中国与倡议周边国家（地区）签订的双边税收协定有效避免了重复征税问题。从微观企业视角来看，首先，参与倡议企业可以将利润转移至税率较低的沿线东道国以降低应纳税额。其次，参与倡议企业可以利用东道

第五章 "一带一路"倡议影响企业税负水平的机制分析

表 5-1 "一带一路"沿线主要国家税收规定（2018年）

国家	居民纳税人	征税原则	所得税税率	其他公司税项	反避税规则	亏损结转	利润汇出税
新加坡	管理和控制地在新加坡	属地原则	17%	利息预提税；特许权使用费；技术服务费；房地产税；社会保障税；印花税	转让定价	无限期向后结转（通过股权合规测试）	无
老挝	无明确规定	境内与境外所得	24%	利润税；定额税；增值税；消费税	无	3年	无
越南	成立地在越南	居民——全球收入；非居民——来源于越南的收入	22%	特许权使用费；技术服务费；社会保障税；不动产税	转让定价	5年	无
印度尼西亚	成立地或其住所在印度尼西亚	居民——全球所得；非居民——来源于印尼的所得	25%	股息、利息预提税；技术服务费；房地产税；薪酬税；印花税；财产转让税	转让定价；资本弱化；债资比 4：1	5年	20%
巴基斯坦	注册成立地或管理控制地在巴基斯坦	居民——全球所得；非居民——来源于巴基斯坦的所得	33%	股息、利息预提税；技术服务费；资本税；薪酬税；社会保障税；印花税；财产转让税	转让定价；资本弱化；债资比 3：1	6年	10%
马来西亚	管理与控制地在马来西亚	来源于马来西亚的收入（银行业、保险业、航空运输或船运业企业的外国收入）	25%	利息预提税；特许权使用费；技术服务费；资本税；薪酬税；不动产税；社会保障税；印花税	转让定价	无限期	无

续表

国家	居民纳税人	征税原则	所得税税率	其他公司税税项	反避税规则	亏损结转	利润汇出税
俄罗斯	依据俄罗斯法律成立	居民——全球所得；非居民——来源于俄罗斯的所得	20%	股息、利息预提税；特许权使用费；不动产税；社会保障税	转让定价；资本弱化：债资比 3:1（银行与租赁公司 12:1）	10年	无
柬埔寨	在柬埔寨开展商业和经营活动，或主营地在柬埔寨	居民——全球收入；非居民——来源于柬埔寨的所得	20%	利息预提税；特许权使用费；资税；增值税；租赁税；印花税	处 10%~40% 的附加税	5年	无
泰国	有限公司或合伙企业在泰国成立（商务部登记）	居民——全球收入；非居民——来源于泰国的收入	20%	股息、利息预提税；特许权使用费；技术服务费；薪酬税；不动产税；社会保障税；印花税；财产转让税	转让定价	5年	10%
阿拉伯联合酋长国	在阿拉伯联合酋长国成立且全部股份由阿拉伯联合酋长国居民持有，或公司全部所得来源于阿拉伯联合酋长国	根据各酋长国的所得税法令	20%	不动产税；社会保障金；财产转让税	无	无规定	无规定

注 主要沿线国家名单来源于"走出去"公共服务平台（http://fec.mofcom.gov.cn/article/fwydyl/tjsj/201901/20190102829089.shtml），上表中的国家是 2018 年中国对外直接投资前 10 名的"一带一路"沿线国家。税收规定的具体内容主要源于德勤《国际税收与投资指南及经商须知：一带一路篇》（https://www2.deloitte.com/cn/zh/pages/tax/articles/tax-taxation-and-investment-guides-and-country-highlights.html）与国家税务总局国别（地区）投资税收指南（http://www.chinatax.gov.cn/chinatax/c102035/ghtzssxn.html）。

第五章　"一带一路"倡议影响企业税负水平的机制分析

国与母国的税制差异制定避税策略以降低自身税负。因此,"一带一路"倡议可能通过政策激励机制或企业避税机制影响参与倡议企业的税负水平。第四章实证检验了"一带一路"倡议对企业税负水平的影响,发现"一带一路"倡议显著降低了参与倡议企业的税收负担。在此基础上,本章将进一步检验"一带一路"倡议影响企业税负水平的政策激励机制与企业避税机制。

本书以 2014 年开始实施的"一带一路"倡议作为一项准自然实验,利用 2009—2018 年的中国 A 股非金融类上市公司数据,实证检验"一带一路"倡议影响企业税负水平的作用机制。本章的结构安排如下:首先,结合现有理论与前人研究提出本章的研究假设;其次,介绍研究设计,包括数据构成与样本筛选方法、变量定义与模型设定;再次,利用多种方法对研究问题进行实证分析,并检验回归结果的稳健性;最后,总结本章内容与研究结论。

一、研究假设

截至 2018 年,中国与"一带一路"周边国家的双边贸易额超过 6 万亿美元,对倡议周边国家(地区)的对外直接投资规模接近 900 亿美元。"一带一路"倡议的提出与实施极大激发了中国企业"走出去"的积极性,提升了中国企业利用全球要素市场进行资源配置的能力。为切实推进"一带一路"倡议的实施,降低对外投资企业的税收不确定性,政府多措并举,提供了一系列政策扶持。第一,信贷支持。各商业银行、国有及区域政策性银行加强了对"一带一路"倡议重点项目的中长期信贷支持,一定程度上保障了对外投资企业的资金需求。2018 年,上海证券交易所与深圳证券交易所开展"一带一路"专项债券试点,进一步保障了债券市场融资渠道的通畅。融资便利程度的提升有助于企业获得更多债务融资,而债务利息具有税收抵扣作用,因此,"一带一路"倡议可能通过债务税盾效应降低参与倡议企业的税负水平。第二,母国税收优惠政策。为更好地服务参与"一带一路"倡议的企业,国家税务总局出台了 5 类共 39 项税收优惠政策,并先后于 2017 年、2019 年、2021 年和 2024 年为"走出去"企业编制了《"走出去"税收指引》[①]。该指引详细介绍了出口货品劳务退税、跨境应税行为免税以及企业所得税优惠等政策，例如，居民企业向境外转让技术可免征或减半征收所得税；委托境外研发活动产生的研发费用可以在税前加计扣除等（赵书博和胡江云，2016）。符合条件的高科技企业可以享受更低的优惠税率与研发支出加计扣除；投资能源、交通与通信等领域的企业可以利用建设周期较长的固定资产投资项目的折旧与摊销费用进行税收抵扣。研发支出与投资相关费用的税收抵扣作用（即研发税盾效应与投资税盾效应）可以降低企业的应纳税所得额，因此，"一带一路"倡议可能通过研发税盾效应与投资税盾效应缓解参与倡议企业的税收负担。

此外，东道国政策激励与双边税收协定也对降低参与"一带一路"倡议企业的税收负担具有积极作用。第一，东道国税收优惠政策。东道国政府为吸引外国企业投资，通常会出台一般性、行业性或区域性的税收优惠政策（庞淑芬等，2017）。比如，新加坡对符合条件企业的应纳税所得额实行部分减免征税政策，在评税年度对所有企业进行税费返还。一些国家还对"一带一路"重点合作产业、经济走廊以及自贸区中的企业提供税收优惠。减免征税、税费返还与各种税收优惠可以直接降低企业的应纳税额与已缴纳的税费，因此，"一带一路"倡议可能通过东道国税收优惠政策降低企业的税收成本。第二，双边税收协定。截至2023年底，我国已与111个国家以及我国的香港、澳门和台湾地区签订了对所得和财产避免双重征税和防止偷漏税的协定或税收安排（即双边税收协定），包括53个"一带一路"沿线国家[②]。该协定对中国企业在"一带一

[①] 详情见国家税务总局——税收服务"一带一路"专题网站公布的《"走出去"税收指引》（2024年修订版）（http://www.chinatax.gov.cn/chinatax/n810219/n810744/n1671176/n2884609/c2884646/content.html）。

[②] 避免双重征税协定的全称为《关于对所得避免双重征税和防止偷漏税的协定》，已与香港和澳门两个特别行政区签订了《避免双重征税安排》（已生效），和台湾地区签订了《避免双重征税协议》（尚未生效）。协定详情参见国家税务总局网站（https://www.chinatax.gov.cn/chinatax/n810341/n810770/index.html）。

路"沿线国家直接投资的经营所得的认定、股息与利息限定税率、特许权使用费条款、利润汇回税等项目进行了详细约定，其法律效力优先于国内法（庞淑芬等，2017）。税收协定中约定的限定税率通常低于非协定情形下的税率，且居民企业的境外已纳税所得可以在母国进行税收抵免。双边税收协定的签订有助于避免双重征税的发生，降低参与倡议企业的税收风险（曹明星和刘奇超，2016）。消除双重征税、约定优惠税率等举措大大降低了企业的经营成本，因此，"一带一路"倡议可能通过双边税收协定缓解企业的税收负担。

通过提供各种优惠政策降低企业的经营成本，政府发挥着"扶持之手"的重要作用（Frye & Shleifer，1997），这有利于进一步提高企业参与"一带一路"倡议的积极性。本书将母国与投资东道国的税收优惠政策、债务融资（研发创新或投资活动）相关费用的税收抵扣作用以及双边税收协定统称为政策激励。这些政策激励是"一带一路"倡议影响参与倡议企业税负水平的重要机制。综上所述，本书提出如下假设：

H5_1："一带一路"倡议通过政策激励机制降低参与倡议企业的税负水平。

除了利用税收优惠政策与税法允许的抵扣项目，对外投资企业还可以通过避税行为达到降低自身税收负担的目的（Shevlin et al., 2019）。一方面，中国企业的对外直接投资行为具有明显的避税和获取资源的倾向。东道国避税机会与制度质量之间存在一定的替代关系（王永钦等，2014），投资目的国的税收环境是影响企业对外直接投资区位选择的重要因素（庄序莹等，2020）。在中国企业对外直接投资规模不断扩大的背景下，仅在2015年，对避税天堂的对外直接投资流量就占我国当年对外直接投资总流量的近八成（刘志阔等，2019）。另一方面，中国企业对外直接投资的全球空间布局表现出明显的地域特征，2019年，对外直接投资主要流向香港、英属维尔京群岛和新加坡。对上述国家（地区）的投资流量占投资总流量的75.9%，其中，对香港地区的投资流量就达到了当年总流量的66.1%[①]。

[①] 详情见商务部、国家统计局和国家外汇管理局发布的《2019年度中国对外直接投资统计公报》。

已有研究发现跨国企业通过设置不合理的转让定价、操纵无形资产以及策略性地域安排等手段将在本国创造的利润转移至低税率甚至零税率地区（即"避税天堂"），这种跨国避税行为造成了严重的税基侵蚀（白思达和储敏伟，2017）。一些企业甚至将全部国内利润转移至其他国家以降低企业在世界范围内和国内的税收负担（Chen & Lehmer, 2020）。跨国企业实现利润转移的手段通常包括：转让定价，即通过制定较低的关联方交易价格将商品出口至避税地国家以获得税收优势；资本弱化，即将债务配置到税率较高的国家，通过利息支出的税收抵扣作用降低企业税负（刘志阔等，2019）；操纵无形资产，即利用无形资产在低税率地区注册子公司，通过向该子公司支付特许权使用费的方式降低母公司税负（Dyreng et al., 2013）。刘志阔等（2019）利用1998—2013年的相关数据对中国企业对外直接投资过程中的利润转移行为进行了研究，他们发现：投资避税天堂企业的母公司利润规模显著低于投资其他地区企业的母公司利润规模。这一结果证实了中国企业的对外直接投资行为具有明显的避税倾向，企业通过"转让定价"而不是"资本弱化"手段将利润转移至避税地国家，实现节税目的，造成了我国的税基侵蚀。比较我国与"一带一路"沿线国家的所得税税率可知，除印度、巴基斯坦、尼泊尔与孟加拉国以外，其他沿线国家的所得税税率均低于我国（赵书博和胡江云，2016）。因此，企业有机会通过投资低税率沿线国家以及其他策略性避税手段转移利润、降低税负。

通过巧妙运用市场规则和法律规范，企业利用市场这只"无形的手"对自身资源进行重新配置以达到降低整体税负的目的（Frye & Shleifer, 1997）。本书将企业采用避税策略转移利润的行为对自身税负水平的影响称为企业避税机制。参与倡议企业的避税策略与激进避税行为将对自身的税收负担产生影响。综上所述，本书提出以下假设：

H5_2："一带一路"倡议通过企业避税机制降低参与倡议企业的税负水平。

二、研究设计

（一）样本选择与数据来源

本书以 2009—2018 年为样本期间，以中国 A 股上市公司为研究样本，对数据进行以下处理：①剔除缺失值、ST 企业与金融行业企业；②剔除税前利润与支付的现金税费小于零的样本；③删除当年上市的企业；④将所有现金实际税率大于 1 的样本的现金实际税率赋值为 1；⑤将税收优惠与研发支出的缺失值赋值为 0；⑥剔除收到的税费返还大于支付的现金税费的样本。经过上述筛选步骤，最终得到 6085 个公司-年度观测值。同时，对所有连续变量在 1% 与 99% 分位进行缩尾（Winsorize）以去除极端值对结果的干扰，标准误在国家层面聚类。

"一带一路"周边国家名单通过整理中国一带一路网提供的信息，并对比王桂军和卢潇潇（2019b）、徐思等（2019）提供的一带一路国家名单后获得。本书根据企业名称对样本企业与商务部《境外投资企业（机构）名录》中的企业进行手工匹配，识别企业是否投资"一带一路"沿线国家，并剔除了未进行对外直接投资的观测值。上市公司财务数据获取自国泰安 CSMAR 数据库，研发支出数据来源于万得 Wind 数据库。

（二）变量定义

1. 被解释变量

企业税负水平（CETR）用企业的现金实际税率表示，它等于企业缴纳的现金税费与税前利润之比（Bradshaw et al., 2019）。该指标不受母国与东道国税制差异（如法定税率差异和税种差异）以及是否签订双边税收协定（双边税收协定通常会约定低于一国法定税率的优惠税率）的影响。现金实际税率越低，企业税负水平越低。

企业利润（*profit*）表示企业在母国的利润规模，等于企业利润总额与总资产（营业收入）之比（刘志阔等，2019）。

2. 解释变量

treat 表示企业是否参与"一带一路"建设，投资沿线国家的处理组企业取值为1，未投资沿线国家的控制组企业取值为0。*post* 为时间分组变量，"一带一路"倡议实施前期（2009—2013年）取值为0，倡议实施后期（2014—2018年）取值为1。

Policy 表示政策激励机制，包括税收优惠与税费返还、债务税盾、研发税盾、投资税盾与双边税收协定。其中，税收优惠与税费返还（*TR*）等于企业收到的税费返还除以税费返还与支付的现金税费之和（徐思等，2019）。债务税盾（*DTS*）等于债务利息支出与营业利润之比。研发税盾（*RDTS*）等于研发支出除以销售收入。投资税盾（*ITS*）等于折旧、摊销以及长期预付费用之和与总资产的比值（王亮亮和王跃堂，2015）。双边税收协定（*Agree*）是指示变量，若投资东道国与我国签订了双边税收协定，则取值为1，否则取值为0。

BR 是指示变量，若企业 *i* 在第 *t* 年参与"一带一路"倡议，则 *BR* 在第 *t* 年以前年份取值为0，在第 *t* 年及以后年份取值为1。

3. 分组变量

企业税负波动（*VOL*），用经行业调整的企业实际税率的标准差表示。首先，将企业实际税率减去同行业企业当年平均实际税率，得到经行业调整的企业实际税率。然后，对于每个行业-年度，计算经行业调整的企业实际税率的标准差，即实际税率的波动性（*VOL*）。在不存在企业避税的情况下，政府的税收优惠政策对同行业企业的影响是同质的，即同行业企业的经行业调整的企业实际税率差异较小（Shevlin et al.，2019）。最后，将经行业调整的实际税率标准差高于行业标准差中位数的企业定义为高税负波动组（*HVOL*=1），将经行业调整的实际税率标准差低于行业标准差中位数的企业定义为低税负波动组（$HVOL=0$）。

融资约束（FC），用 SA 指数乘以（-1）表示，该指标越大，融资约束程度越高[①]。其中，$SA=-0.737\times Size+0.043\times Size^2-0.04\times Age$。$Size$ 表示企业规模（$LNTA$），Age 表示企业年龄（AGE）。若企业的 FC 变化量（ΔFC）高于其所在行业 ΔFC 的中位数，则被定义为高融资约束企业，$HFC=1$。若 FC 变化量（ΔFC）低于其所在行业 ΔFC 的中位数，则被定义为低融资约束企业，$HFC=0$。

4. 控制变量

控制变量（X_{it}）表示影响企业税负水平的因素，包括企业规模（$LNTA$）、企业年龄（AGE）、账面杠杆率（LEV）、市值账面比（MB）、销售收入增长率（SG）、现金（$CASH$）、盈利能力（ROA）、成长机会（TQ）、投资收益（RET）、资产结构（PPE 和 $INTAN$）、研发支出（RD）、折旧与摊销（DEP）、亏损结转（NOL）、非经常性损益（$EITEMS$）和公司治理水平［二职合一（$DUAL$）、盈余管理（DA）、股权集中度（$SHARE$）］。同时，本书还控制了投资东道国的平均国内生产总值（$AGDP$）、平均法定所得税税率（$LOWTAX$），以及投资东道国的数量（$NUMBER$）。各主要变量定义见表5-2。

表5-2 变量定义

变量类型	变量	定义
被解释变量	CETR	企业税负水平，等于支付的现金税费除以税前利润
	profit	企业在母国的利润规模，等于企业利润总额与总资产（营业收入）之比

[①] 相比于 Kaplan & Zingales 指数与 Whited & Wu 指数，SA 指数仅使用企业规模和企业年龄两个因素对融资约束程度进行衡量，不包含内生性变量且易于计算（Hadlock & Pierce，2010；鞠晓生等，2013）。

续表

变量类型	变量	定义
解释变量	treat	在所有进行对外直接投资的企业中，投资地为"一带一路"沿线国家的企业（处理组）取值为1，投资地为非"一带一路"沿线国家的企业（控制组）取值为0
	post	"一带一路"倡议实施前期（2009—2013年）取值为0，倡议实施后期（2014—2018年）取值为1
	BR	若企业 i 在第 t 年参与"一带一路"倡议，则 BR 在第 t 年以前年份取值为0，在第 t 年及以后年份取值为1
	Policy	政策激励机制，包括税收优惠与税费返还、债务税盾、研发税盾、投资税盾及双边税收协定 税收优惠与税费返还（TR）等于企业收到的税费返还除以税费返还和支付的现金税费之和 债务税盾（DTS）等于债务利息支出除以营业利润 研发税盾（RDTS）等于研发支出除以销售收入 投资税盾（ITS）等于折旧、摊销以及长期预付费用之和与总资产的比值 双边税收协定（Agree），若投资东道国与我国签订了双边税收协定，则取值为1，否则取值为0
分组变量	HVOL	经行业调整的实际税率标准差高于行业标准差中位数的企业为高税负波动组，HVOL=1；经行业调整的实际税率标准差低于行业标准差中位数的企业为低税负波动组，HVOL=0
	HFC	FC 变化量（ΔFC）高于其所在行业 ΔFC 中位数的企业为高融资约束组，HFC=1；FC 变化量（ΔFC）低于其所在行业 ΔFC 中位数的企业为低融资约束组，HFC=0
控制变量	LNTA	企业规模，等于年末总资产的自然对数
	AGE	企业年龄，等于1加上当前年份减去上市年份后的自然对数
	LEV	账面杠杆率，年末总负债与总资产的比值
	MB	市值账面比，每股股价乘以流通在外的股票数量除以所有者权益
	SG	销售收入增长率，等于第 t 年与第 $t–1$ 年销售收入之差除以第 $t–1$ 年销售收入
	CASH	年末持有的现金及现金等价物除以总资产

续表

变量类型	变量	定义
控制变量	ROA	总资产收益率（盈利能力），等于扣除折旧前经营性收入除以总资产
	TQ	企业成长机会（托宾Q值），等于总资产减去所有者权益加上年末流通在外的普通股股数与股价之积，除以总资产
	RET	投资收益，投资收益除以年末利润总额
	PPE	资产结构，年末固定资产与总资产的比值
	INTAN	资产结构，年末无形资产与总资产的比值
	RD	研发支出，年末研发费用与总资产的比值
	DEP	折旧与摊销费用除以年末总资产
	NOL	是否存在营业净损失，若期初结转的上一年营业净损失大于0，取值为1，否则取值为0
	EITEMS	非经常性损益，非经常性项目除以年末总资产
	DUAL	二职合一虚拟变量，当董事长与CEO为同一人兼任时，取值为1，否则取值为0
	DA	盈余管理程度，等于修正琼斯模型计算的应计总额与非操纵性应计之差
	SHARE	股权集中度，以第一大股东持股比例表示
	AGDP	企业 i 在第 t 年投资的所有东道国的平均国内生产总值的自然对数
	LOWTAX	若企业 i 在第 t 年投资的所有东道国的平均法定所得税率低于我国的法定企业所得税率（25%），则取值为1，否则取值为0
	NUMBER	企业 i 在第 t 年投资的所有东道国的数量

（三）模型设定

首先，本书采用以下双重差分模型（5.1）检验假设 H5_1，即"一带一路"倡议影响企业税负水平的政策激励机制（范子英和彭飞，2017；王桂军和卢潇潇，2019b）：

$$CETR_{it}=\theta(treat_{it}\times post_{it}\times Policy_{it})+\alpha_1(treat_{it}\times post_{it})+\alpha_2 Policy_{it}+\beta_1 treat_{it}+\beta_2 post_{it}+\beta_3 x_{it}+\lambda_t+\mu+tren_{dt}j+\varepsilon_{it} \quad (5.1)$$

其中，i、t、j分别表示企业、年份和省份；被解释变量$CETR_{it}$表示企业i在第t年的税负水平；Policy表示政策激励，包括税收优惠与税费返还（TR）、债务税盾（DTS）、研发税盾（RDTS）、投资税盾（ITS）以及双边税收协定（Agree）；λ_t和μ分别表示年份固定效应与投资东道国的国家固定效应；$trend_{t,j}$代表地区层面随时间变化的不可观测因素；ε_{it}为随机扰动项。若"一带一路"倡议通过上述政策激励降低了参与倡议企业的税负水平，则交乘项$treat \times post \times Policy$的系数$\theta$应显著为负。

其次，本书从税负波动、融资约束与利润转移三个视角检验"一带一路"倡议影响企业税负水平的企业避税机制（假设H5_2）。

第一，税负波动。借鉴谢夫林等的方法，将以下双重差分模型（5.2）在高税负波动组（HVOL=1）和低税负波动组（HVOL=0）中分别进行回归（Shevlin et al.，2019）：

$$CETR_{it}=\theta(treat_{it}\times post_{it})+\beta_1 treat_{it}+\beta_2 post_{it}+\beta_3 x_{it}+\lambda_t+\mu+trend_{t,j}+\varepsilon_{it} \quad (5.2)$$

其中，i、t、j分别表示企业、年份和省份；CETR为企业税负水平的代理变量；λ_t和μ分别表示年份固定效应与投资东道国的国家固定效应；$trend_{t,j}$代表地区层面随时间变化的不可观测因素；ε_{it}为随机扰动项。在不存在企业激进避税的情况下，政府的税收优惠政策对同行业企业的影响是同质的，即同行业企业的经行业调整的企业实际税率差异较小（Shevlin et al.，2019）。若"一带一路"倡议对企业税负的缓解作用是企业激进避税导致的，那么交乘项$treat \times post$的系数θ应该在高税负波动组（HVOL=1）中显著为负。

第二，融资约束。当企业面临较高的融资约束时，他们很难获得外部债权融资。此时，企业倾向于通过更激进的避税节约税后现金流，即融资约束与企业避税之间存在正相关关系（Edwards et al.，2016）。将DID模型（5.2）在高融资约束组（HFC=1）和低融资约束组（HFC=0）中分别进行回归，若参与倡议企业税负水平的降低是自身激进避税所致，那么交乘项$treat \times post$的系数θ应该在高融资约束组（HFC=1）中显著为负。

第三，利润转移。本书借鉴刘志阔等（2019）的方法，利用模型（5.3）检验参与"一带一路"倡议的企业是否存在以避税为动机的利润转移行为：

$$profit_{it}=\alpha BR_{it}+\beta_1 AGE_{it}+\beta_2 LNTA_{it}+\beta_3 LOWTAx_{it}+\beta_4 NUMBER_{it}+\lambda_t+\mu+trend_{t,j}+\varepsilon_{it}$$
(5.3)

其中，被解释变量 $profit$ 表示企业在母国的利润规模；解释变量 BR 衡量 i 企业在第 t 年是否参与"一带一路"倡议；控制值变量包括企业年龄（AGE）、企业规模（$LNTA$）、投资东道国所得税税率（$LOWTAX$）以及投资东道国数量（$NUMBER$）。为保证模型预测的准确性以及排除对避税地投资行为对回归结果的干扰，本书只保留了投资东道国不是避税天堂的企业样本。各控制变量与固定效应的定义与前文描述相同。

三、结果分析

（一）主回归结果

1. 描述性统计

表5-3报告了主要变量的描述性统计结果。其中，企业实际税率的均值为0.190，标准差为0.154，说明样本企业的税负水平存在差异。分组变量 $treat$ 的平均值为0.319，表明有31.9%的样本企业投资"一带一路"沿线国家。企业在母国利润规模的最大值是8.449，最小值是-6.772，均值为0.048。样本企业获得的税费返还均值为0.181，债务税盾的均值为0.243，研发税盾与投资税盾的均值分别为0.032和0.023。有61%的样本企业投资的"一带一路"沿线国家与中国签订了双边税收协定。融资约束指标的标准差为1.683，说明样本企业的融资约束程度差别较大。样本企业税负水平变化的最小值为0，最大值为0.65。

从企业特征来看，样本企业的平均年龄为2.161，企业平均规模为22.624，平均固定资产（无形资产）占比为20.8%（4.6%）。10%的样本企业存在上年亏损结转至本期期初的情况，平均资产收益率为4%。资产负债率均值为

45.4%，标准差为 0.204，企业账面杠杆率差异较大。企业平均持有的现金约占总资产的 15.3%，销售收入增速均值为 19.6%。从公司治理情况来看，在 26.7% 的样本企业中，CEO 与董事长由同一人兼任。第一大股东持股比例的最小值为 8.9%，最大值为 75.8%，观测企业的股权集中度差异明显。

样本企业投资东道国的平均国内生产总值的自然对数为 27.517，平均投资东道国数量为 2.676，68.2% 的企业投资目的国的平均所得税税率低于我国的法定企业所得税税率 25%。

表 5-3 主要变量描述性统计

变量	观测值	均值	标准差	最小值	中位数	最大值
treat	6085	0.319	0.466	0.000	0.000	1.000
post	6085	0.719	0.450	0.000	1.000	1.000
CETR	6085	0.190	0.154	0.000	0.161	1.000
VOL	6085	0.273	0.053	0.000	0.279	0.650
FC	6085	5.262	1.683	1.543	4.909	9.725
profit	6085	0.048	0.159	−6.772	0.044	8.449
BR	6085	0.228	0.420	0.000	0.000	1.000
TR	6085	0.181	0.218	0.000	0.274	0.988
DTS	6085	0.243	0.281	0.000	0.164	2.142
RDTS	6085	0.032	0.041	0.000	0.022	0.216
ITS	6085	0.023	0.015	0.001	0.021	0.080
Agree	6085	0.610	0.488	0.000	0.000	1.000
DUAL	6085	0.267	0.442	0.000	0.000	1.000
DA	6085	0.068	0.072	0.001	0.047	0.557
NOL	6085	0.100	0.300	0.000	0.000	1.000
AGE	6085	2.161	0.733	0.000	2.197	3.367
LNTA	6085	22.624	1.387	19.151	22.386	25.879
LEV	6085	0.454	0.204	0.049	0.452	1.088
PPE	6085	0.208	0.154	0.002	0.175	0.736
INTAN	6085	0.046	0.049	0.000	0.035	0.318
RD	6085	0.016	0.018	0.000	0.012	0.078
EITEMS	6085	0.003	0.007	−0.002	0.000	0.038

第五章 "一带一路"倡议影响企业税负水平的机制分析

续表

变量	观测值	均值	标准差	最小值	中位数	最大值
ROA	6085	0.040	0.053	−0.253	0.036	0.209
MB	6085	3.988	2.597	1.154	3.361	22.405
SG	6085	0.196	0.416	−0.629	0.126	3.807
CASH	6085	0.153	0.113	0.007	0.122	0.692
SHARE	6085	0.351	0.153	0.089	0.330	0.758
TQ	6085	1.987	1.220	0.905	1.593	8.663
RET	6085	0.241	0.656	−0.743	0.044	4.762
DEP	6085	0.022	0.014	0.001	0.019	0.076
AGDP	6085	27.517	1.659	20.199	27.021	31.318
LOWTAX	6085	0.682	0.466	0.000	1.000	1.000
NUMBER	6085	2.676	4.819	1.000	2.000	86.000

表5-4列示了主要变量分组均值 t 检验的结果。本书的主要被解释变量企业税负水平（CETR）在处理组与控制组间的均值差异显著为负，且处理组的税负均值高于控制组的税负均值。投资"一带一路"沿线国家的企业税负波动较小，融资约束程度更高。处理组与控制组企业的母国利润规模与获得的税费返还相近，差异不显著。未投资"一带一路"企业的债务税盾、研发税盾与投资税盾均值均更大。相比于控制组企业，处理组企业投资东道国与中国签订双边税收协定的比例明显更高。在控制变量中，非经常性损益、总资产收益率、市账比与投资收益率的分组均值差异不显著或显著性较低，其他主要变量的分组均值差异均在5%的显著性水平上显著。

表5-4 分组均值 t 检验

变量	控制组	控制组均值	处理组	处理组均值	均值差异	Wilcoxon test
CETR	4141	0.111	1944	0.154	−0.043***	−3.825***
VOL	4141	0.272	1944	0.264	0.008***	2.159**
FC	4141	5.119	1944	6.584	−1.465***	−19.991***
profit	4141	0.048	1944	0.049	−0.001	0.592
TR	4141	0.182	1944	0.172	0.010	0.508

续表

变量	控制组	控制组均值	处理组	处理组均值	均值差异	Wilcoxon test
DTS	4141	0.246	1944	0.240	0.005	−2.171**
RDTS	4141	0.033	1944	0.027	0.006***	3.507***
ITS	4141	0.024	1944	0.022	0.002***	6.048***
Agree	4141	0.553	1944	0.736	−0.183***	−13.647***
DUAL	4141	0.284	1944	0.230	0.054***	4.446***
DA	4141	0.069	1944	0.065	0.004**	2.844***
NOL	4141	0.107	1944	0.085	0.022***	2.708***
AGE	4141	2.116	1944	2.257	−0.141***	−6.622***
LNTA	4141	22.434	1944	23.037	−0.603***	−15.443***
LEV	4141	0.429	1944	0.506	−0.078***	−14.017***
PPE	4141	0.212	1944	0.200	0.013***	3.219***
INTAN	4141	0.047	1944	0.044	0.003**	1.171
RD	4141	0.016	1944	0.015	0.001**	1.263
EITEMS	4141	0.003	1944	0.003	0.000	−2.210**
ROA	4141	0.039	1944	0.040	−0.001	0.903
MB	4141	4.002	1944	3.958	0.043	−2.096**
SG	4141	0.206	1944	0.175	0.031***	0.512
CASH	4141	0.155	1944	0.147	0.008**	1.057
SHARE	4141	34.232	1944	36.840	−2.608***	−6.383***
TQ	4141	2.096	1944	1.756	0.340***	11.120***
RET	4141	0.252	1944	0.218	0.034*	1.397
DEP	4141	0.022	1944	0.021	0.001***	4.282***
AGDP	4141	27.618	1944	27.302	0.316***	5.551***
LOWTAX	4141	0.698	1944	0.648	0.051***	3.944***
NUMBER	4141	1.698	1944	4.757	−3.058***	−36.239***

注 ***、**、* 分别表示1%、5%和10%的显著性水平,本章不同。

2. 相关系数

表5-5列示了主要变量的相关系数矩阵,可以看出:被解释变量企业税负水平 CETR 与税负波动、利润规模、税费返还、研发税盾与双边税收协定之间

的相关系数均在1%的水平上显著为负。税负水平与融资约束、债务税盾和投资税盾之间的相关系数在1%的水平上显著为正。本书对方差膨胀因子大于10的变量进行了标准化以避免模型的多重共线性问题。

表5-5 主要变量相关系数矩阵

变量	CETR	VOL	FC	profit	TR	DTS	RDTS	ITS
VOL	−0.141							
FC	0.085	−0.161						
profit	−0.240	−0.133	0.787					
TR	−0.131	0.166	−0.096	−0.148				
DTS	0.099	−0.052	0.244	0.097	−0.068			
RDTS	−0.128	0.120	−0.248	−0.185	0.161	−0.178		
ITS	0.134	−0.063	0.008	−0.017	0.051	−0.037	−0.088	
Agree	−0.081	0.066	0.167	0.174	0.127	−0.063	0.118	−0.050

注 加粗数字表示该相关系数在1%的显著性水平上显著，其他各控制变量与被解释变量 CETR 间的相关系数见第四章表4—5。

3. 主回归分析

（1）政策激励机制

本书利用 DID 模型（5.1）对政策激励机制，包括税收优惠与税费返还（TR）、债务税盾（DTS）、研发税盾（RDTS）、投资税盾（ITS）与双边税收协定（Agree）进行检验。若交乘项 $treat \times post \times Policy$ 的系数显著为负，说明政策激励是导致参与"一带一路"倡议企业税负下降的原因。

表5—6列（1）至列（5）依次报告了"一带一路"倡议通过税费返还、债务税盾、研发税盾、投资税盾与双边税收协定等五种政策激励影响企业税负水平的结果。其中，解释变量 $treat \times post \times Policy$ 的系数在政策激励为税费返还（TR）与投资税盾（ITS）时显著为负。这表明"一带一路"倡议通过税费返还和投资相关费用的税收抵扣作用（即投资税盾）这两种政策激励降低了参与倡议企业的税负水平，假设 H5_1 得到验证。债务税盾（研发税盾）与 $treat \times post$

的交乘项为负但不显著，这说明债务利息（研发支出）的税收抵扣作用不是导致参与"一带一路"倡议企业税负降低的主要政策激励。

在对双边税收协定（Agree）这一政策激励机制的检验中，解释变量 Agree×treat×post 的系数为负但不显著，表明双边税收协定不是"一带一路"倡议降低企业税负的主要政策激励[①]。可能的原因包括：第一，与我国签订双边税收协定的"一带一路"周边国家在全样本中占比较小（31.9%×53/64=26.4%），协定对全样本企业税负水平的平均影响不大。第二，尽管双边税收协定约定了企业在其中一方国家投资时可享受的税收优惠待遇与两国间的税收饶让规则，但这不足以弥补企业投资"一带一路"面临的税收成本。第三，双边税收协定的签订促进了企业在两国间的投资并消除了重复征税问题，企业可能更有动机进行利润转移；而协定中的情报交换条款对企业避税行为产生抑制作用。两种效果相互抵消，造成了解释变量的系数不存在统计意义上的显著性。

表5-6 政策激励机制

被解释变量 = CETR	（1）税费返还	（2）债务税盾	（3）研发税盾	（4）投资税盾	（5）税收协定
TR×treat×post	−0.204** (−2.061)				
DTS×treat×post		−0.474 (−1.384)			
RDTS×treat×post			−0.020 (−0.050)		
ITS×treat×post				−1.539** (−2.078)	
Agree×treat×post					−0.022 (−0.888)
treat×post	0.065** (2.421)	0.089 (0.870)	−0.002 (−0.129)	−0.002 (−0.169)	0.008 (0.331)

[①] 在删除了对避税天堂进行投资的企业样本（共251个公司–年度观测值）后，回归结果未发生改变。

第五章 "一带一路"倡议影响企业税负水平的机制分析

续表

被解释变量＝CETR	（1）税费返还	（2）债务税盾	（3）研发税盾	（4）投资税盾	（5）税收协定
TR	−0.002 （−0.886）				
DTS		0.180 （0.870）			
RDTS			−0.409*** （−3.933）		
ITS				6.734*** （4.860）	
Agree					−0.007 （−0.616）
LEV	0.111 （1.241）	−0.007 （−0.049）	0.101*** （4.282）	0.284*** （6.002）	0.340*** （7.721）
DUAL	0.008 （0.228）	0.006 （0.137）	0.005 （1.059）	0.002 （0.258）	0.004 （0.524）
DA	−0.083 （−0.746）	−0.045 （−0.404）	−0.085** （−2.401）	−0.095** （−2.344）	−0.385*** （−9.227）
NOL	0.060 （1.351）	−0.140 （−0.756）	0.014 （1.260）	0.022 （1.626）	0.022** （2.169）
AGE	0.068** （2.429）	0.108 （1.582）	0.013*** （3.724）	0.051*** （5.258）	0.057*** （6.311）
LNTA	−0.009 （−0.648）	0.004 （0.148）	0.001 （0.184）	−0.014** （−1.982）	−0.023*** （−3.402）
PPE	0.033 （0.420）	−0.384 （−0.887）	−0.003 （−0.102）	−0.023 （−0.369）	−0.005 （−0.116）
INTAN	0.132 （0.986）	−0.485 （−0.983）	0.107* （1.707）	−0.028 （−0.287）	−0.037 （−0.386）
RD	0.004 （0.005）	−2.856 （−0.950）		0.988*** （3.311）	0.709** （2.184）
EITEMS	2.269 （1.340）	5.297 （1.342）	0.965** （2.041）	−1.267* （−1.910）	−1.483** （−2.243）
ROA	0.953*** （3.136）	0.953*** （2.925）	0.153** （2.464）	−3.929*** （−23.255）	−2.635*** （−25.928）

续表

被解释变量 = CETR	（1）税费返还	（2）债务税盾	（3）研发税盾	（4）投资税盾	（5）税收协定
MB	−0.011***	−0.010	−0.007***	−0.009	−0.011**
	(−2.666)	(−1.206)	(−6.033)	(−1.640)	(−2.207)
SG	0.005	−0.008	0.004	−0.059***	−0.048***
	(0.235)	(−0.300)	(1.133)	(−7.264)	(−6.098)
CASH	−0.162	−0.328	0.024	0.076	0.017
	(−1.293)	(−1.574)	(1.273)	(1.570)	(0.529)
SHARE	0.000	0.003	0.000**	0.001**	0.001***
	(0.562)	(1.149)	(2.328)	(2.246)	(3.561)
TQ	0.011	0.024	0.007**	0.016**	0.006
	(1.493)	(1.155)	(2.284)	(2.243)	(0.754)
RET	−0.074	−0.324	0.030***	0.001	0.015**
	(−0.823)	(−1.105)	(4.395)	(0.084)	(2.404)
DEP	−1.509**	−0.502	−0.231		0.780
	(−2.069)	(−0.333)	(−0.499)		(1.427)
AGDP	0.003	0.010	0.006	−0.000*	0.002
	(0.364)	(0.631)	(1.282)	(−1.768)	(0.301)
LOWTAX	−0.095	−0.104	−0.021*	−0.001	−0.020
	(−0.770)	(−0.816)	(−1.960)	(−0.048)	(−1.332)
NUMBER	−0.066*	−0.129	−0.044***	−0.024	−0.068
	(−1.847)	(−1.625)	(−3.004)	(−0.280)	(−0.760)
Cons	0.196	−0.132	−0.134	0.821***	0.932***
	(0.558)	(−0.206)	(−0.991)	(4.956)	(3.494)
Year	Yes	Yes	Yes	Yes	Yes
Country	Yes	Yes	Yes	Yes	Yes
Year×prov	Yes	Yes	Yes	Yes	Yes
N	6085	6085	6085	6085	6085
R^2	0.080	0.076	0.247	0.569	0.568

注 ***、**、* 分别表示1%、5%和10%的显著性水平。所有回归均采用稳健标准误估计，标准误在国家层面聚类，括号内显示 t 值。Year 表示年份固定效应，Country 表示投资东道国的国家固定效应，Year×prov 表示年份与省份虚拟变量的交乘项，即地区层面随时间变化的不可观测因素，本章同下。本表列示了利用模型（5.1）检验政策激励机制的结果。在对研发税盾（RDTS）机制的检验中，控制变量不包括企业研发投入与总资产的比值（RD）；在对投资税盾（ITS）机制的检验中，控制变量不包括折旧和摊销与总资产的比值（DEP）。

第五章 "一带一路"倡议影响企业税负水平的机制分析

（2）企业避税机制

若企业在投资"一带一路"过程中利用沿线国家的低税率进行税收筹划，则本书观测到的"一带一路"倡议对企业税负的缓解作用可能是企业自身避税行为导致的。具体来看，本书从税负波动、融资约束和利润转移视角对"一带一路"倡议影响企业税负水平的企业避税机制（即假设 H5_2）进行检验。

第一，税负波动。当不存在企业激进避税的情况时，政府的税收优惠政策对同行业企业的影响是同质的。此时，同行业企业实际税负波动的差异较小（Shevlin et al., 2019）。因此，本书将模型（5.2）在高税负波动组（$HVOL$=1）和低税负波动组（$HVOL$=0）中进行分组回归。第二，融资约束。当企业面临较高的融资约束时，债务融资较为困难。此时，企业倾向于利用避税节约的税后现金流进行投资活动。因此，本书将模型（5.2）在高融资约束组（HFC=1）与低融资约束组（HFC=0）中分别回归。

表 5-7 报告了分组回归的结果：列（1）、列（2）显示 $treat \times post$ 的系数仅在低税负波动组（$HVOL$=0）中显著为负，列（3）、列（4）显示交乘项的系数仅在低融资约束组（HFC=0）中显著为负，且组间系数差异显著。这说明避税动机较小的企业税负水平显著降低，"一带一路"倡议对企业税负的缓解作用不是企业避税行为造成的，假设 H5_2 不成立。

表 5-7 企业避税机制——分组回归

被解释变量 = CETR	（1） $HVOL$=1	（2） $HVOL$=0	（3） HFC=1	（4） HFC=0
$treat \times post$	−0.001 （−0.175）	−0.040** （−2.160）	−0.009 （−0.342）	−0.048*** （−2.764）
LEV	0.011 （0.901）	0.280*** （6.310）	0.339*** （6.616）	0.366*** （5.832）
DUAL	0.003 （0.948）	−0.005 （−0.574）	0.007 （0.523）	0.001 （0.076）
DA	−0.068*** （−3.184）	−0.141*** （−3.446）	−0.097** （−1.988）	−0.557*** （−4.900）

"一带一路"倡议对企业税负水平影响研究

续表

被解释变量＝ CETR	（1） HVOL=1	（2） HVOL=0	（3） HFC=1	（4） HFC=0
NOL	0.001 （0.288）	0.011 （0.846）	0.059*** （2.954）	0.005 （0.445）
AGE	0.004 （1.037）	0.054*** （5.612）	0.043*** （3.238）	0.051*** （5.690）
LNTA	−0.002 （−0.953）	−0.006 （−0.761）	−0.015 （−1.622）	−0.028*** （−3.631）
PPE	0.037*** （2.600）	−0.032 （−0.654）	−0.124* （−1.800）	0.133** （2.457）
INTAN	0.077*** （2.624）	−0.011 （−0.101）	0.029 （0.197）	0.033 （0.222）
RD	0.118* （1.898）	0.270 （0.752）	0.547 （1.354）	0.792 （1.495）
EITEMS	−0.082 （−0.508）	−0.796 （−1.269）	−1.507 （−1.422）	−1.741 （−1.398）
ROA	−0.115*** （−3.635）	−2.721*** （−18.029）	−3.279*** （−21.466）	−2.284*** （−18.115）
MB	−0.001* （−1.804）	−0.009*** （−2.989）	−0.011*** （−2.774）	−0.009* （−1.887）
SG	−0.001 （−0.495）	−0.055*** （−7.945）	−0.045*** （−3.919）	−0.053*** （−3.841）
CASH	−0.001 （−0.088）	0.044 （1.171）	0.101** （2.088）	−0.036 （−0.841）
SHARE	−0.000 （−1.322）	0.001* （1.743）	0.001*** （2.724）	0.001 （1.481）
TQ	0.001 （0.732）	0.011* （1.763）	0.022*** （2.694）	−0.001 （−0.077）
RET	0.000 （0.773）	−0.000 （−0.011）	−0.008 （−0.607）	0.014*** （2.634）
DEP	−0.233* （−1.680）	0.908 （1.405）	1.564 （1.311）	−0.384 （−0.558）
AGDP	−0.004* （−1.836）	0.001 （0.160）	0.012 （1.300）	−0.013 （−0.863）

第五章 "一带一路"倡议影响企业税负水平的机制分析

续表

被解释变量 = CETR	（1）HVOL=1	（2）HVOL=0	（3）HFC=1	（4）HFC=0
LOWTAX	−0.001	−0.003	−0.011	−0.045**
	（−0.230）	（−0.180）	（−0.473）	（−2.361）
NUMBER	0.009*	−0.055	−0.047	0.095***
	（1.668）	（−0.565）	（−0.471）	（12.169）
Cons	1.113***	0.532*	0.541	1.319***
	（19.035）	（1.692）	（1.471）	（3.192）
Year	Yes	Yes	Yes	Yes
Country	Yes	Yes	Yes	Yes
Year×prov	Yes	Yes	Yes	Yes
N	3042	3043	3042	3043
R^2	0.408	0.573	0.597	0.579
Chi^2	3.08*		2.77*	

注 本表列（1）、列（2）报告了模型（5.2）在高税负波动组与低税负波动组中的回归结果，列（3）、列（4）列报告了模型（5.2）在高融资约束与低融资约束组中的回归结果。组间系数差异检验统计量用 Chi^2 表示，本章下同。

第三，利润转移。研究发现跨国企业通过转让定价、资本弱化、操纵无形资产等方式将部分或全部利润转移至低税率国家以降低自身在世界范围内的税收负担（Armstrong et al., 2019; Joshi, 2020; Chen & Lehmer, 2021）。本书借鉴刘志阔等（2019）的方法，利用模型（5.3）检验参与"一带一路"倡议企业是否存在以避税为动机的利润转移行为。被解释变量（profit）为企业在母国的利润规模，分别用企业利润总额与总资产之比、企业利润总额与营业收入之比表示。为避免投资避税天堂对回归结果造成影响，本书只保留了投资东道国不是避税地国家的样本[①]。

表5-8的结果显示：解释变量 BR 的系数在列（1）和列（2）中都为正；在列（2）中，该系数在1%的水平上显著。这表明企业的母国利润规模未因其参与"一带一路"倡议而减小，参与倡议企业不存在以避税为动机的利润转移

---

① 避税地国家共57个，具体名单参照张瑶（2018）（表1，第131页）。

行为，假设 H5_2 未得到支持。

从中国企业投资"一带一路"沿线国家的实际情况来看，主要投资领域包括基础设施建设、能源、通信、建筑等资本投入与技术投入较大的行业，以及现代物流、零售与服务业等行业。相比于投资避税地国家，企业投资"一带一路"沿线国家的避税动机较弱。不同于企业利用避税地进行利润转移导致母国税基侵蚀，企业投资"一带一路"共建国家符合国家战略发展需要，总体上促进了区域经济发展。

表 5-8 企业避税机制——利润转移

被解释变量 = profit	（1）利润总额/总资产	（2）利润总额/营业收入
BR	0.001 (0.211)	0.078*** (4.420)
AGE	−0.020*** (−4.842)	0.014 (0.593)
LNTA	0.013*** (4.313)	−0.039 (−1.084)
LOWTAX	−0.011 (−0.860)	−0.002 (−0.025)
NUMBER	0.021 (1.156)	0.041 (1.029)
Constant	−0.085 (−1.154)	1.314* (1.858)
Year	Yes	Yes
Country	Yes	Yes
Year×prov	Yes	Yes
N	5834	5834
R^2	0.119	0.013

注 本表列示了模型（5.3）的回归结果。在列（1）中，被解释变量 profit 等于利润总额与总资产之比。在列（2）中，被解释变量 profit 等于利润总额与营业收入。控制变量包括企业年龄（AGE）、企业规模（LNTA）、东道国平均法定所得税税率（LOWTAX）和投资东道国数量（NUMBER）。

（二）稳健性检验

前文检验了"一带一路"倡议影响企业税负水平的政策激励机制（假设 H5_1）与企业避税机制（假设 H5_2），发现"一带一路"倡议通过税费返还和投资税盾降低了参与倡议企业的税收负担，避税不是企业税负降低的主要原因。本小节通过采用替代指标、重新分组、加入控制变量等方式对上述结论进行稳健性检验。

1. 替换企业税负衡量指标

本书将模型（5.2）中被解释变量企业税负水平的衡量指标替换为 $CETR2$，它等于支付的现金税费与收到的各项税费返还之差除以营业收入。模型中其他变量的定义均与前文描述相同。表 5-9 列（1）、列（2）分别报告了模型（5.2）在高税负波动组（$HVOL=1$）和低税负波动组（$HVOL=0$）中的回归结果。解释变量 $treat \times post$ 的系数在高税负波动组中不显著，在低税负波动组中显著为负，且组间系数差异显著。这表明替换企业税负水平衡量指标后，分组回归的结果仍然稳健，假设 H5_2 未得到支持。

表 5-9 替换税负水平衡量指标

被解释变量 = CETR2	（1）HVOL=1	（2）HVOL=0
treat×post	−0.002	0.035*
	（−0.622）	（1.651）
LEV	−0.031	0.209*
	（−0.850）	（1.960）
DUAL	−0.004*	−0.012
	（−1.809）	（−1.081）
DA	0.011	1.035
	（0.208）	（1.435）
NOL	−0.008**	0.228
	（−2.352）	（1.393）

续表

被解释变量 = CETR2	（1）HVOL=1	（2）HVOL=0
AGE	0.004	0.028
	（1.400）	（1.444）
LNTA	0.003	−0.010
	（1.093）	（−0.848）
PPE	0.017	−0.176*
	（0.866）	（−1.735）
INTAN	−0.027	−0.151
	（−0.640）	（−0.988）
RD	−0.265***	−1.380**
	（−2.756）	（−2.067）
EITEMS	0.131	−0.391
	（0.141）	（−0.820）
ROA	0.100***	2.037*
	（3.323）	（1.652）
MB	0.003	−0.017**
	（1.026）	（−2.009）
SG	0.000	−0.138
	（0.139）	（−1.633）
CASH	0.003	−0.202*
	（0.159）	（−1.687）
SHARE	0.000	−0.002*
	（0.175）	（−1.882）
TQ	−0.004	0.001
	（−0.690）	（0.152）
RET	−0.001	−0.035
	（−0.647）	（−1.520）
DEP	−0.150	−0.947**
	（−0.766）	（−2.107）
AGDP	0.000	−0.004
	（0.017）	（−0.478）
LOWTAX	−0.022*	0.037
	（−1.735）	（1.448）

第五章 "一带一路"倡议影响企业税负水平的机制分析

续表

被解释变量 = CETR2	（1） HVOL=1	（2） HVOL=0
NUMBER	-0.015**	0.052
	(-2.164)	(0.791)
Cons	-0.044	-0.016
	(-0.632)	(-0.069)
Year	Yes	Yes
Country	Yes	Yes
Year×prov	Yes	Yes
N	3042	3043
R^2	0.631	0.045
Chi^2	2.75*	

注　本表列示了模型（5.2）在高税负波动组与低税负波动组中的回归结果。被解释变量企业税负水平（CETR2）等于支付的现金税费与收到的税费返还之差除以营业收入。

2. 替换融资约束衡量指标

在稳健性检验中，本书使用 KZ 指数作为衡量融资约束程度的替代指标（Kaplan & Zingales，1997）。该指数数值越大，说明企业的融资约束越严重。KZ 指数的计算方法如下：

$$KZ_{it} = -1.002\frac{CF_{it}}{A_{it-1}} - 39.368\frac{DIV_{it}}{A_{it-1}} - 1.315\frac{C_{it}}{A_{it-1}} + 3.139LEV_{it} + 0.283Q_{it}$$

其中，CF 表示企业的经营活动净现金流，DIV 表示现金股利，C 表示企业持有的现金，LEV 表示杠杆率，Q 为托宾 Q 值，A_{it-1} 表示上一期总资产。若企业的 KZ 指数大于其所在行业当年 KZ 指数的中位数，则被划分为高融资约束组（HFC2=1）；反之，被划分为低融资约束组（HFC2=0）。

表 5-10 报告了模型（5.2）的分组回归结果。解释变量 treat×post 的系数在高融资约束组中不显著，在低融资约束组中显著为负，并且组间系数差异显著。上述结果表明避税不是参与倡议企业税负下降的主要原因，假设 H5_2 不成立。

表 5-10　融资约束分组检验

被解释变量 = CETR	（1） HFC2=1	（2） HFC2=0
treat×post	−0.029	−0.034**
	（−1.119）	（−2.153）
LEV	0.334***	0.188***
	（7.225）	（3.520）
DUAL	−0.006	−0.021**
	（−0.534）	（−2.143）
DA	−0.562***	−0.204***
	（−7.979）	（−3.320）
NOL	0.014	0.051**
	（1.055）	（2.426）
AGE	0.046***	0.024***
	（3.752）	（3.550）
LNTA	−0.035***	0.011**
	（−3.604）	（2.420）
PPE	0.167**	−0.228***
	（2.445）	（−4.366）
INTAN	0.098	0.071
	（0.772）	（0.572）
RD	1.281***	0.375
	（3.460）	（1.357）
EITEMS	−1.268	−1.210
	（−1.243）	（−1.455）
ROA	−2.548***	−2.889***
	（−21.870）	（−22.575）
MB	−0.009**	0.001
	（−2.042）	（0.080）
SG	−0.037***	−0.073***
	（−3.224）	（−4.843）
CASH	−0.012	−0.058
	（−0.139）	（−1.437）

续表

被解释变量 = CETR	（1） HFC2=1	（2） HFC2=0
SHARE	0.001*	0.001**
	（1.738）	（2.475）
TQ	−0.007	−0.001
	（−1.115）	（−0.090）
RET	0.018***	−0.001
	（3.495）	（−0.122）
DEP	−0.919*	1.701***
	（−1.667）	（3.125）
AGDP	−0.018	0.004
	（−1.084）	（1.366）
LOWTAX	−0.038*	0.019*
	（−1.690）	（1.943）
NUMBER	−0.008	0.001*
	（−0.209）	（1.903）
Cons	2.025***	0.329**
	（5.045）	（2.490）
Year	Yes	Yes
Country	Yes	Yes
Year×prov	Yes	Yes
N	3042	3043
R^2	0.543	0.411
Chi^2	4.13**	

注 本表列示了模型（5.2）在高融资约束组（HFC2=1）与低融资约束组（HFC2=0）中的回归结果。企业融资约束程度用 KZ 指数衡量。

3. 重新设定利润转移模型

在检验模型（5.3）时，本书只保留了参与对外直接投资且投资东道国不是避税地国家的企业样本（共 5834 个公司‑年度观测值）。在稳健性检验中，本书保留了未参与对外直接投资与投资东道国是避税地国家的样本，而在模型（5.3）中剔除了三个国家层面控制变量，加入了两个新控制变量：是否参与对外直接投资（OFDI）和是否投资避税天堂（HAVEN）。若企业 i 在第 t 年有对外直接投资行为，则 OFDI 取值为 1；否则，取值为 0。类似地，若企业 i 在第 t 年投资了避税天堂，则 HAVEN 取值为 1；否则，HAVEN 取值为 0。此时，模型（5.3）的控制变量包括企业是否参与对外直接投资（OFDI）、是否投资避税天堂（HAVEN）、企业规模（LNTA）与企业年龄（AGE）。被解释变量（profit2）表示企业的母国利润规模，用企业利润总额的自然对数表示。

表 5-11 报告了加入新的控制变量后模型（5.3）的检验结果。其中，列（1）加入了年份固定效应和企业固定效应，列（2）加入了企业固定效应与行业时间趋势，列（3）加入了企业固定效应与省份时间趋势。在列（3）中，控制变量 OFDI 的系数显著为负，表明企业在进行对外直接投资的过程中表现出了一定程度的利润转移行为。HAVEN 的系数为正且不显著的原因可能是投资避税天堂的样本在全样本中占比较低。总体来看，无论控制何种固定效应，解释变量 BR 的系数均为正但不显著。上述结果说明参与"一带一路"倡议的企业不存在显著的避税动机驱使的利润转移行为，表 5-8 的结论是稳健的。

表 5-11　增加控制变量

被解释变量 = profit2	（1）	（2）	（3）
BR	0.067	0.028	0.050
	（1.387）	（0.558）	（1.026）
OFDI	−0.057	−0.029	−0.060*
	（−1.601）	（−0.847）	（−1.708）
HAVEN	0.083	0.135	0.081
	（0.871）	（1.420）	（0.867）
LNTA	1.005***	0.999***	1.006***
	（32.120）	（34.097）	（32.522）
AGE	−0.381***	−0.366***	−0.405***
	（−10.181）	（−8.949）	（−10.431）
Cons	−2.499***	−3.330***	−2.294***
	（−3.768）	（−4.486）	（−3.338）
Year	Yes		

续表

被解释变量 = *profit2*	(1)	(2)	(3)
Firm	Yes	Yes	Yes
Year×ind		Yes	
Year×prov			Yes
N	16056	16056	16056
R²	0.335	0.417	0.355

注 本表报告了重新定义被解释变量、加入新控制变量以及更换样本后模型（5.3）的回归结果。被解释变量（*profit2*）等于企业利润总额的自然对数。Year 表示年份固定效应，Firm 表示企业个体固定效应，Year×ind 表示年份与行业交互项，Year×prov 表示年份与省份交互项。

4. 双边税收协定的作用

在模型（5.1）中，对"一带一路"通过双边税收协定影响企业税负这一机制的检验是通过将企业现金实际税率对交乘项 *Agree* × *treat* × *post* 回归的方法实现的。由于交乘项中的三个变量均为虚拟变量，对企业税负变化方向的解释可能不准确。从理论上看，可以通过分组回归的方式解决这一问题。具体做法是将样本企业分为投资东道国与中国签订双边税收协定，以及投资东道国与中国未签订双边税收协定两组，并对模型（5.2）进行分组回归。截至 2018 年，还有十一个倡议周边国家尚未与我国签订双边税收协定①。由于对上述 11 个国家进行直接投资的中国企业数量较少，分组回归的样本规模将表现出很大差异。因此，本书只保留了投资"一带一路"沿线国家的企业样本（*treat*=1），并利用模型（5.4）将企业现金实际税率直接对双边税收协定虚拟变量进行回归：

$$CETR_{it}=\theta Agree+\beta x_{it}+\lambda_t+\mu+trend_{t,j}+\varepsilon_{it} \quad (5.4)$$

所有变量定义与前文描述相同。解释变量 *Agree* 的系数 θ 衡量了签订双边税收协定对参与"一带一路"倡议企业税负水平的直接影响。表 5-12 的结果

---

① 截至 2018 年 12 月 31 日，尚未与我国签订双边税收协定的"一带一路"周边国家如下：缅甸、柬埔寨、伊拉克、约旦、黎巴嫩、巴勒斯坦、也门、阿曼、阿富汗、马尔代夫、不丹。

表明解释变量 Agree 的系数为负但不显著，说明双边税收协定在一定程度上有利于降低投资"一带一路"企业的税负水平，但这种影响不具有统计意义上的显著性。与表 5-6 列（5）的结论一致，双边税收协定不是导致参与"一带一路"倡议企业税负降低的政策激励机制。

表 5-12　双边税收协定的作用

被解释变量 = CETR	（1）双边税收协定
Agree	−0.022
	（−0.510）
LEV	0.488***
	（3.289）
DUAL	0.032
	（0.824）
DA	−0.318***
	（−2.785）
NOL	0.023
	（0.816）
AGE	0.023
	（0.726）
LNTA	−0.046***
	（−2.937）
PPE	0.023
	（0.163）
INTAN	−0.198
	（−0.671）
RD	1.091
	（1.298）
EITEMS	−2.916***
	（−2.977）
ROA	−2.559***
	（−8.538）
MB	−0.026**
	（−2.325）

续表

被解释变量 = CETR	（1）双边税收协定
SG	−0.077***
	(−3.368)
CASH	−0.036
	(−0.338)
SHARE	0.000
	(0.020)
TQ	0.029*
	(1.775)
RET	0.031***
	(3.348)
DEP	1.511
	(0.998)
AGDP	0.000
	(0.012)
LOWTAX	0.037
	(0.962)
NUMBER	−0.169***
	(−12.809)
Cons	1.997**
	(2.262)
Year	Yes
Country	Yes
Year×prov	Yes
N	1944
R^2	0.747

注　本表报告了将企业税负水平对双边税收协定虚拟变量直接回归的结果。

四、小结

随着"一带一路"倡议实施的不断深化，企业对外投资的积极性不断增加、投资领域不断拓展、投资质量不断提升。在对外投资与经营过程中，如何充分享受优惠政策、合理利用税制差异进行税收筹划以达到降低自身税收负担的目的是参与"一带一路"倡议企业面临的重要问题。一方面，我国政府为鼓励企业"走出去"，提供了多项税收优惠政策和便利条件；同时，东道国政府为吸引外资，也为企业提供了区域性或行业性的税收优惠；此外，双边税收协定能有效消除重复征税，降低企业的税收不确定性。"一带一路"倡议可能通过上述政策激励降低参与倡议企业的税负水平。另一方面，对外投资企业有机会利用母国与东道国之间的税制差异以及一些沿线国家的低法定税率进行以避税为目的的利润转移。"一带一路"倡议可能通过企业避税机制降低参与倡议企业的税负水平。因此，本章从政策激励和企业避税两个视角探究"一带一路"倡议影响企业税负水平的作用机制。

本书使用2009—2018年A股非金融类上市公司数据，首先，从税费返还、债务税盾、研发税盾、投资税盾与双边税收协定五个方面检验"一带一路"倡议影响企业税负水平的政策激励机制。其次，从税负波动、融资约束与利润转移三个方面检验"一带一路"倡议影响企业税负水平的企业避税机制。最后，通过替换衡量指标、重新定义分组变量、增加控制变量与使用新回归模型等方式对主回归结果进行稳健性检验。主要结论如下：

第一，政策激励机制是导致参与"一带一路"倡议企业税负降低的主要原因，企业避税行为的影响不显著。

第二，税费返还与投资税盾是缓解参与"一带一路"倡议企业税负的主要政策激励，债务税盾、研发税盾与双边税收协定等政策激励的作用不显著。

第三，投资"一带一路"企业的母公司利润水平并无显著降低，不存在显著的以避税为目的利润转移行为。

上述发现对"一带一路"倡议缓解企业税收负担的现象作出了一定解释，丰富了宏观经济政策影响微观企业经营成本的机制方面的研究，为回答企业参与"一带一路"倡议过程中是否存在利润转移行为这一问题提供了初步证据，有利于政府与税收监管部门评估"一带一路"税收优惠政策与双边税收协定的实施效果。

第六章

"一带一路"倡议影响企业税负水平的经济后果

"一带一路"倡议对企业税负水平影响研究

已有研究发现投资"一带一路"沿线国家对缓解国内产能过剩、促进国内企业技术创新、推动产业升级等有积极作用（王桂军和卢潇潇，2019a；2019b），本书从企业税负视角检验了"一带一路"倡议对微观企业经营成本的影响及其作用机制。实证检验的结果表明"一带一路"倡议显著降低了参与倡议企业的税负水平，两者的负相关关系是政策激励而不是企业避税行为导致的，倡议对企业税负的缓解作用在民营企业、地方国有企业、合作重点产业与税收征管强度较高的企业中更显著。在此基础上，本章进一步探究企业税负水平变化对自身融资成本与投资决策的影响，即"一带一路"倡议影响企业税负水平的经济后果。

债务融资成本受到宏观经济环境与微观企业特征等多重因素的影响。企业股权结构越分散、董事会独立性越强、信息披露质量越高、会计稳健性水平越高，企业债务融资成本越低（Ahmed et al., 2002；Ashbaugh-Skaife et al., 2006；Bharath et al., 2008）。当税负水平较高时，企业更有动机进行避税，这导致企业获得的债务税盾相关的税收收益较低，利用债务利息支出进行税收抵扣的动机不强。同时，企业通过避税活动获得了更高的税后现金流，融资约束得到缓解，债务融资需求随之降低。因此，债务融资与企业避税负相关（刘行等，2017）。然而，避税行为导致的信息透明度下降、盈余操纵、管理层寻租等代理问题，大大增加了信贷提供者，例如银行，在签订债务契约时的误判风险与事后监督风险。因此，银行将设置更严格的债务契约条款，提高避税企业的债务融资成本（后青松等，2016）。权益资本成本是普通股股东对企业投入资金的机会成本，也是现有股东的预期报酬率。权益资本成本不仅是评价投资项目、选择融资方式的重要标准，还发挥着引导资本市场资金流向、改善市场资源配置的重要作用（徐浩萍和吕长江，2007；毛新述等，2012）。研究表明公司信息披露能降低资本市场的信息不对称程度，从而降低交易费用与投资者风险感知偏差，最终降低权益资本成本。对影响权益资本成本的其他因素，如制度环境、内部控制、公司治理等的探讨也多从影响信息不对称和风险的角度展开（喻灵，2017；王雄元和高曦，2018；代昀昊，2018）。

一方面，税负降低直接导致企业的税后现金流增加，这使得投资者要求的期望报酬率降低；另一方面，税负下降间接降低了债务税盾的边际收益，这使得企业的资本结构发生变化（Hanlon & Heitzman，2010；Goh et al.，2016）。因此，企业税负水平的变化将对企业的债务资本成本与权益资本成本产生影响。此外，税后现金流的变化也深刻影响着企业的投资决策，例如，企业履行社会责任的动机与社会责任表现。本书利用2009—2018年中国A股非金融类上市公司数据，从融资成本与社会责任表现两方面对企业税负变化的经济后果问题进行研究。本章的主要内容包括：首先，结合现有理论与前人研究结论提出本章的研究假设；然后，介绍研究设计，包括样本筛选方法与数据构成、变量定义与模型设定；接着，对研究问题进行实证分析，并检验回归结果的稳健性；最后，总结本章内容与研究结论。

一、研究假设

公司所得税与资本结构的关系在MM理论中得到了充分解释：当不存在税收、代理费用、破产成本与信息不对称的情况下，公司价值与资本结构不存在关联。因为债务利息支出具有税收抵扣作用，企业有动机利用债务融资增加税后现金流。因此，负债比例随着企业所得税率的提高而上升（Hanlon & Heitzman，2010）。学术界提出了两种竞争性假说对债务与避税之间的负向关系进行解释："非债务税盾假说"认为企业的避税活动形成了一种与债务税盾存在替代关系的"非债务税盾"，导致企业的债务融资需求下降；"现金流假说"则认为避税活动使企业的税后现金流增多，导致企业对外部债务融资的需求下降（Edwards et al., 2016; Goh et al., 2016）。然而，激进的避税活动加剧了企业与市场间的信息不对称。这不仅增加了企业受到税务监管部门处罚的风险，还引发了第一类与第二类代理问题。债权人承担了企业避税的部分风险而未获得相应的避税收益（Hasan et al., 2014; Shevlin et al., 2019）。监管部门风险识别难度的增加与企业内部代理成本的升高导致债权人（例如银行）增加债务契约中的限制性条款，企业债务融资成本上升（后青松等，2016）。

前文研究表明，政策激励是"一带一路"倡议降低企业税负水平的主要驱动因素，企业避税则不是。这意味着政府的税收优惠政策降低了企业的税收成本，增加了企业的税后现金流。同时，参与"一带一路"倡议企业的避税程度并未增加，并且不存在明显的以避税为目的的利润转移行为。这种因政府政策影响而导致的对外投资企业税后现金流的增加，降低了企业对外源融资，特别是债务融资的依赖程度，进而降低了企业的债务融资成本（Graham & Tucker, 2006; Lisowsky, 2010）。

现有研究多从企业避税视角研究所得税对权益资本成本的影响，但尚未得到一致结论。一方面，避税行为为公司节约了大量现金流，增加了公司的预期未来现金流量，其权益资本成本随之下降（Dyreng et al., 2008）。另一方面，企业的避税活动显著加大了企业预期未来现金流的方差，以及企业预期未来现金流与市场现金流变化的协方差，权益资本成本随之升高（Lambert et al., 2007）。这是因为，首先，企业避税可能导致公司的基本面发生变化，经营风险增加。其次，投资者承担了因企业激进避税而被税务机关处罚的部分风险。再次，投资者的利益受到因管理层寻租行为而产生的代理风险的影响。综合上述因素，预期现金流的波动使得投资者要求更高的投资回报率，企业的权益资本成本提高。有研究分析表明避税企业的权益资本成本较低，因为避税带来的正向现金流效应降低了投资者对预期未来投资收益率的要求（Goh et al., 2016）。李桂萍和刘薇（2014）发现中国的企业所得税改革通过改变企业融资政策的方式降低了上市公司权益资本成本的平均水平。

一方面，政府提供的税收优惠与政策激励降低了参与"一带一路"倡议企业的税收负担，增加了企业的税后现金流。这使得企业对外部债务融资的需求降低，债务融资成本下降。另一方面，企业避税机制的非显著性说明企业预期未来现金流的方差，以及企业预期未来现金流与市场现金流间的协方差并未增大。即企业税负下降增加了企业的税后现金流，而公司的基本面（经营风险）并未受到显著影响。因此，投资者对这种正向的现金流效应做出积极反应，对预期投资回报率的要求降低。综上所述，本书提出如下两个假设：

H6_1a：假定其他条件不变，"一带一路"倡议对参与倡议企业税负的缓解作用有利于降低公司的债务融资成本。

H6_1b：假定其他条件不变，"一带一路"倡议对参与倡议企业税负的缓解作用有利于降低公司的权益资本成本。

企业税负水平的变化同样影响着企业的各种投资决策。已有文献认为税收对企业投资产生真实影响（real effects）。这种影响通过两个途径产生，一是法定所得税率影响投资弹性，二是筹资成本的抵税能力通过改变税基大小影响企业投资决策（Jacob，2022）。刘行和叶康涛（2013）认为企业的避税活动加剧了市场与企业间的信息不对称，进而引发代理问题。他们的研究表明企业避税越激进，非效率投资越多。慕克吉等人2017年的研究发现企业税负水平与创新和风险承担水平负相关。税收增加不仅导致企业的专利申请数量减少，还导致研发投资和新产品开发减少（Mukherjee et al.，2017）。还有研究发现不负责任的企业社会责任（CSR）行为与更多的避税活动显著正相关（Hoi et al.，2013）。企业的生产经营活动影响着包括股东、雇员、消费者、政府部门等在内的利益相关者的福利，承担社会责任是一项重要的投资行为。当企业税负水平发生变化时，其投资动机与投资能力随之发生改变。作为企业投资决策重要组成部分的企业社会责任投资决策也会随着税负水平的变化而发生改变。

跨国企业的境外经营活动受到其社会责任表现的影响，承担社会责任不仅有助于企业形成独特竞争力，还有助于其获得政府和利益相关者的支持。祝继高等（2019）发现央企在投资"一带一路"的过程中承担了合规经营、提供就业机会、与当地企业互惠合作、保护环境以及参与社区建设等社会责任。外部竞争环境与内部价值链分别促进了央企履行战略性与反应性社会责任，履行战略性与反应性社会责任促进了央企竞争优势的形成，降低了外部政治风险对企业经营的负面影响。有研究表明东道国政府与其他利益相关者越来越重视企业的社会责任表现，履行社会责任是企业对外直接投资活动的重要组成部分，一定程度上影响着对外投资质量与投资效率（Mallin et al., 2014）。一些企业在对外投资过程中片面追求经济利润，忽视履行社会责任，对自身声誉与可持续经营造成了消极影响。为了化解来自东道国客户与监管者的质疑，企业必须承担相应的社会责任。黄凌云等（2018）认为在公平互惠的前提下，当跨国企业社会责任投资更多时，东道国政府更有意愿为其提供税收激励、改善营商环境，最终实现双方合作共赢。

一方面，政府监管压力与公众舆论压力使得投资"一带一路"企业不断提升自身的社会责任表现。同时，税负下降削弱了企业进行不负责任社会活动的动机，税后现金流的增加为企业的社会责任投资提供了资金来源。另一方面，进行社会责任投资不仅有利于企业树立良好的企业形象、获得东道国的政治支持、维护社会声誉，还有利于形成独特的战略优势，实现可持续经营。综上所述，本书提出以下假设：

H6_2：假定其他条件不变，"一带一路"倡议对参与倡议企业税负的缓解作用有利于提升企业的社会责任表现。

二、研究设计

（一）样本选择与数据来源

本书选取"一带一路"倡议实施的前后五年，即2009—2018年为样本期间，以中国A股上市公司为研究对象，并进行如下数据处理：①剔除变量缺失值、ST企业与金融行业企业；②剔除税前利润与支付的现金税费小于零的样本；③删除当年上市的企业；④将所有现金实际税率大于1的样本的现金实际税率赋值为 1；⑤将税收优惠与研发支出的缺失值赋值为 0；⑥剔除收到的税费返还大于支付的现金税费的样本。经过以上处理，最终得到 6085 个公司 – 年度观测值。同时，对所有连续变量在 1% 与 99% 分位进行缩尾（Winsorize）以去除极端值对结果的干扰，标准误在国家层面聚类。上市公司财务数据来源于国泰安 CSMAR 数据库，研发支出数据来源于万得 Wind 数据库，企业社会责任数据获取自润灵环球（RKS）评级得分。

"一带一路"周边国家名单通过整理中国一带一路网提供的信息，并对比王桂军和卢潇潇（2019b）、徐思等（2019）提供的一带一路国家名单后获得。本书根据企业名称对样本企业与商务部《境外投资企业（机构）名录》中的企业进行手工匹配，并且只保留了参与对外直接投资的观测值。

（二）变量定义

1. 被解释变量

被解释变量 COST 表示企业的债务融资成本（COD）与权益资本成本（COE）。由于银行贷款是企业债务融资的主要来源，本书采用利息支出与银行借款总额之比（后青松等，2016；徐思等，2019）来衡量企业的债务融资成本（COD）。该指标数值越大，企业债务融资成本越高。本书借鉴艾斯顿 2004 年提出的方法计算企业的权益资本成本（COE）（Easton，2004）。该方法不依赖分析师对企业长期收益与股价的预测，对数据的限制较小[①]（Goh et al.，2016）：

$$COE = \sqrt{\frac{eps_2 - eps_1}{P_0}}$$

其中，eps_2 和 eps_1 分别表示分析师对企业未来两年和未来一年的盈余预测，P_0 表示当前的公司股票价格。COE 的数值越大，企业的权益资本成本越高。

被解释变量 CSR 表示企业的社会责任水平。从 2008 年开始，上海证券交易

---

① PEG 和 MPEG 模型更全面地捕捉了各种企业风险，更适用于中国市场（毛新述等，2012）。

所与深圳证券交易所要求深圳100指数、公司治理板块、发行境外上市外资股以及金融行业的企业发布独立的社会责任报告，提供关于对股东、债权人、员工、供应商与客户的权益保护，环境与可持续发展，公共关系与社会捐赠等方面的信息。润灵环球（RKS）根据公开可获得的企业社会责任信息（如企业社会责任报告和年度财务报告等），从整体（macrocosm）、内容（content）、技术（technical）和行业（industry）四个方面对企业每年的社会责任表现进行评分（Liao et al.，2019；曹越和郭天枭，2020），最终形成一个取值0到100之间的加权平均得分。该评级得分数值越大，企业社会责任投入越高，社会责任表现越好。

2. 解释变量

当被解释变量为COST时，分组变量treat表示企业是否参与投资倡议周边国家，投资国为"一带一路"沿线国家的公司为处理组（treat=1），投资国为非"一带一路"沿线国家的公司为控制组（treat=0）。当被解释变量为CSR时，投资"一带一路"沿线国家且税负降低的企业为处理组，treat2取值为1；投资非"一带一路"沿线国家或税负上升的企业为控制组，treat2取值为0。分组变量post在"一带一路"倡议实施前期（2009—2013年）取值为0，在倡议实施后期（2014—2018年）取值为1。

虚拟变量Taxdec衡量企业税负是否下降，若企业i在第t年的现金实际税率（CETR）低于其在第$t-1$年的现金实际税率，则该变量取1；否则，该变量取0。

3. 控制变量

当被解释变量为债务融资成本COD时，控制变量X_{it}表示影响企业债务融资成本的因素，包括：企业规模（LNTA）、企业年龄（AGE）、账面杠杆率（LEV）、销售收入增长率（SG）、现金（CASH）、盈利能力（ROA）、固定资产比例（PPE）、审计意见（OP）以及所有权性质（SOE）。

当被解释变量为权益资本成本COE时，控制变量X_{it}表示影响企业权益资本成本的因素，包括：企业规模（LNTA）、贝塔系数（BETA）、市值账面比

第六章 "一带一路"倡议影响企业税负水平的经济后果

(MB)、账面杠杆率(LEV)、投资收益(RET)、会计业绩($EBITDA$)、分析师预测准确性($ANAL$)、盈余质量(DA)、所有权性质(SOE)、现金($CASH$)、企业年龄(AGE)、销售收入增长率(SG)、固定资产比例(PPE)、研发支出(RD)、成长机会(TQ)、盈利能力(ROA)以及股权集中度($SHARE$)。

当被解释变量为企业社会责任表现 CSR 时,$FirmControls_{it-1}$ 表示滞后一期的企业层面控制变量,包括:滞后一期的企业规模($LNTA$)、资产负债率(LEV)、企业年龄(AGE)、总资产收益率(ROA)、市账比(MB)、经营活动现金流(CFO)、现金股利支付率(DIV)、负债权益比(DE)和所有权性质(SOE)。$IndustryControls_{-it-1}$ 表示滞后一期的不包括公司 i 本身的上述公司层面控制变量的行业-年度市值加权平均值。具体变量定义参照表6-1。

表6-1 变量定义

变量类型	变量	定义
被解释变量	COST	分别表示企业债务融资成本与权益资本成本。企业债务融资成本(COD)等于利息支出与银行借款总额之比。企业权益资本成本(COE)采用以下公式计算(Easton, 2004): $$COE = \sqrt{\frac{eps_2 - eps_1}{P_0}}$$ eps_2 和 eps_1 分别表示分析师对企业未来两年和未来一年的盈余预测,P_0 表示当前的公司股票价格
	CSR	评价企业社会责任投资,以润灵环球(RKS)提供的企业社会责任评级得分表示
解释变量	treat	在所有进行对外直接投资的企业中,投资东道国为"一带一路"沿线国家的企业(处理组)取值为1,投资东道国为非倡议沿线国家的企业(控制组)取值为0
	treat2	投资"一带一路"周边国家且税负下降的企业(处理组)取值为1,投资其他非"一带一路"周边国家或税负上升的企业(控制组)取值为0
	post	"一带一路"倡议实施前期(2009—2013年)取值为0,倡议实施后期(2014—2018年)取值为1
	Taxdec	若企业 i 在第 t 年的现金实际税率($CETR$)低于其在第 $t-1$ 年的现金实际税率,则取值为1;否则,取值为0

续表

变量类型	变量	定义
控制变量	DE	负债权益比,等于负债与所有者权益账面价值之比
	LNTA	企业规模,等于年末总资产的自然对数
	AGE	企业年龄,等于1加上当前年份减去上市年份后的自然对数
	LEV	账面杠杆率,等于年末总负债除以总资产
	MB	市值账面比,用每股股价乘以流通在外的股票数量与所有者权益的比值表示
	SG	销售收入增长率,用当年销售收入与上一年销售收入之差除以上一年销售收入表示
	CASH	年末持有的现金及现金等价物除以总资产
	CFO	企业的经营活动现金流除以总资产
	ROA	盈利能力(总资产收益率),等于扣除折旧前经营性收入除以总资产
	TQ	企业成长机会(托宾 Q 值),等于总资产减去所有者权益加上年末流通在外的普通股股数与股价之积除以总资产
	RET	投资收益,等于投资收益除以年末利润总额
	PPE	资产结构,等于年末固定资产与总资产的比值
	ANAL	分析师预测准确性,等于公司 i 在第 t 年的所有分析师预测盈余均值与实际每股盈余之差除以年初每股股价
	RD	研发支出,等于年末研发费用与总资产的比值
	EBITDA	会计业绩,等于息税折旧摊销前利润与年末总资产之比
	BETA	用 CAPM 模型估计的 β 系数
	DIV	支付的现金股利与总资产之比
	OP	审计意见虚拟变量,当企业收到标准无保留意见时,取值为0;当企业收到带解释说明的标准无保留意见与其他类型的审计意见时,取值为1
	SOE	所有权性质,国有企业取值为1,非国有企业取值为0
	DA	盈余管理程度,等于修正琼斯模型计算的应计总额与非操纵性应计之差
	SHARE	股权集中度,用第一大股东持股比例表示
行业层面控制变量	Adj_lnta	不包括企业 i 的行业-年度市值加权平均的企业规模
	Adj_lev	不包括企业 i 的行业-年度市值加权平均的杠杆率
	Adj_age	不包括企业 i 的行业-年度市值加权平均的企业年龄

续表

变量类型	变量	定义
行业层面控制变量	*Adj_roa*	不包括企业 i 的行业 – 年度市值加权平均的总资产收益率
	Adj_mb	不包括企业 i 的行业 – 年度市值加权平均的市账比
	Adj_cfo	不包括企业 i 的行业 – 年度市值加权平均的营业现金流与总资产之比
	Adj_div	不包括企业 i 的行业 – 年度市值加权平均的现金股利与总资产之比
	Adj_de	不包括企业 i 的行业 – 年度市值加权平均的负债与权益账面价值之比

（三）模型设定

首先，本书利用以下模型（6.1）检验"一带一路"背景下对外直接投资企业税负降低对其债务融资成本与权益资本成本的影响（即假设 H6_1a 和假设 H6_1b）：

$$COST_{it}=\theta(treat_{it} \times post_{it} \times Taxdec)+\alpha_1(treat_{it} \times post_{it})+\alpha_2 Taxdec+\beta x_{it}+\lambda_t+\mu+trend_{t,j}+\varepsilon_{it} \quad (6.1)$$

其中，i、t、j 分别表示企业、年份和省份；被解释变量 $COST_{it}$ 表示企业 i 在第 t 年的债务融资成本（COD）和权益资本成本（COE）；*Taxdec* 为企业税负降低的虚拟变量；*treat* 为处理组（*treat*=1）与控制组（*treat*=0）的分组变量；*post* 为倡议实施前期（*post*=0）与倡议实施后期（*post*=1）的分组变量。λ_t 和 μ 分别表示年份固定效应与投资东道国的国家固定效应；$trend_{t,j}$ 代表地区层面随时间变化的不可观测因素（王桂军和卢潇潇，2019b）；ε_{it} 为随机扰动项。

交乘项 *treat*×*post*×*Taxdec* 的系数 θ 衡量"一带一路"倡议下税负变化对企业融资成本的影响。根据假设 H6_1a 和假设 H6_1b，本书预期 θ 为负，即"一带一路"倡议对企业税负的缓解作用有利于降低企业的债务融资成本和权益资本成本。

其次，本书利用以下模型（6.2）检验"一带一路"背景下对外直接投资企业税负降低对其社会责任表现的影响（即假设 H6_2）：

$$CSR_{it}=\alpha+\beta(treat2_{it}\times post)+\theta FirmControls_{it-1}+\varphi IndustryControls_{-ijt-1}+\lambda_{t}+\mu+trend_{t,j}+\varepsilon_{it}$$

（6.2）

其中，i、t、j 分别表示企业、年份和行业；被解释变量 CSR_{it} 表示企业 i 在第 t 年的社会责任表现；$treat2$ 为处理组（$treat2=1$）与控制组（$treat2=0$）的分组变量；$post$ 为倡议实施前期（$post=0$）与倡议实施后期（$post=1$）的分组变量；$FirmControls_{it-1}$ 表示滞后一期的企业层面控制变量，$IndustryControls_{-it-1}$ 表示滞后一期的不包括公司 i 本身的上述公司层面控制变量的行业－年度市值加权平均数。λ_t、μ 和 $trend_{t,j}$ 分别表示时间固定效应、投资东道国的国家固定效应以及行业层面随时间变化的不可观测因素；ε_{it} 为随机扰动项。

交乘项 $treat2\times post$ 的系数 β 衡量了"一带一路"背景下税负变化对企业社会责任表现的影响。根据假设 H6_2，本书预期 β 为正，即"一带一路"倡议对企业税负的缓解作用有利于提升企业的社会责任表现。

三、结果分析

（一）主回归结果

1. 描述性统计

表 6-2 展示了参与回归变量的描述性统计结果。结果显示：企业债务融资成本（COD）的最小值为 0.001，最大值为 0.828；企业权益资本成本（COE）的最小值为 0.014，最大值为 0.319；企业社会责任表现（CSR）的最小值为 11.69，最大值为 89.298。样本企业的平均债务融资成本为 6.7%，平均权益资本成本为 10.7%，平均社会责任评级得分为 39.396。分组变量 $treat$ 的平均值为 0.319，说明有 31.9% 的样本企业直接投资"一带一路"沿线国家。分组变量 $treat2$ 的平均值为 0.114，说明有 11.4% 的投资"一带一路"沿线国家的企业税负下降。虚拟变量（$Taxdec$）的均值为 0.313，说明有 31.3% 的企业在样本期间内税负降低。

从控制变量来看，样本企业的平均年龄为 2.161，企业平均规模为 22.624，平均固定资产占比为 20.8%。40.1% 的样本企业是国有企业，平均资产收益率为 4%。平均杠杆率为 45.4%，标准差为 0.204，样本企业的杠杆率差异较大。企业平均现金持有量为 15.3%，销售收入的平均增速为 19.6%。2.4% 的样本企业在当年收到非标意见或带解释说明段的标准无保留意见。从公司治理情况来看，企业的股权集中度差异较大，第一大股东持股比例的最小值为 8.9%，最大值为 75.8%。样本企业的平均息税折旧摊销前利润为 0.19，平均研发投入为 0.016，分析师预测准确度的均值为 –0.107，平均现金股利支付率为 0.014。

表 6-2 主要变量描述性统计

变量	均值	标准差	最小值	中位数	最大值
treat	0.319	0.466	0.000	0.000	1.000
treat2	0.114	0.495	0.000	0.000	1.000
post	0.719	0.450	0.000	1.000	1.000
Taxdec	0.313	0.464	0.000	0.000	1.000
COD	0.067	0.097	0.001	0.050	0.828
COE	0.107	0.059	0.014	0.097	0.319
CSR	39.396	13.061	11.690	36.505	89.298
LNTA	22.624	1.387	19.151	22.386	25.879
AGE	2.161	0.733	0.000	2.197	3.367
PPE	0.208	0.154	0.002	0.175	0.736
ROA	0.040	0.053	–0.253	0.036	0.209
OP	0.024	0.154	0.000	0.000	1.000
CASH	0.153	0.113	0.007	0.122	0.692
LEV	0.454	0.204	0.049	0.452	1.088
SG	0.196	0.416	–0.629	0.126	3.807
SOE	0.401	0.490	0.000	0.000	1.000
BETA	1.089	0.265	0.024	1.092	5.876
MB	3.988	2.597	1.154	3.361	22.405
RET	0.241	0.656	–0.743	0.044	4.762
EBITDA	0.190	0.156	0.020	0.147	0.926
ANAL	–0.107	0.296	–0.924	–0.062	0.311
DA	0.068	0.072	0.001	0.047	0.557

续表

变量	均值	标准差	最小值	中位数	最大值
RD	0.016	0.018	0.000	0.012	0.078
TQ	1.987	1.220	0.905	1.593	8.663
SHARE	0.351	0.153	0.089	0.330	0.758
CFO	0.040	0.114	−10.216	0.041	0.943
DIV	0.014	0.023	0.000	0.006	0.647
DE	0.961	1.131	0.032	0.683	6.388

表 6-3 列示了主要变量分组均值 t 检验的结果，分组变量为 Taxdec。税负增加组 Taxdec（0）的债务融资成本略高于税负降低组 Taxdec（1）的债务融资成本，但两者的均值差异不显著。税负增加组的权益资本成本比税负降低组的权益资本成本高 0.004，分组均值差异显著。税负降低组的社会责任评级得分（CSR）高于税负增加组的评级得分，但两者的均值差异不显著。

在所有对外直接投资的企业中，税负降低企业的规模更大、年龄更大、利润水平更高、更不容易收到非标审计意见、现金持有水平更高、杠杆率更低。同时，税负降低企业的销售收入增长率更高、息税折旧摊销前利润更大、股权集中度更低、国有企业占比更低。此外，相比于税负增加企业，税负降低企业的固定资产占比更低、分析师预测准确性较低、操纵性应计盈余更高、现金股利支付率也更高。在控制变量中，除了贝塔系数、市账比、研发投入与股权集中度的分组均值差异不显著以外，其他主要变量的均值差异均在 5% 的显著性水平上显著。

表 6-3 分组均值 t 检验

变量	Taxdec（0）	均值（Taxdec=0）	Taxdec（1）	均值（Taxdec=1）	均值差异	Wilcoxon test
COD	4108	0.063	1977	0.064	−0.001	1.840*
COE	4108	0.110	1977	0.106	0.004*	1.777*
CSR	4108	42.14	1977	42.20	−0.061	0.038
LNTA	4108	22.68	1977	22.75	−0.068*	−2.275**

第六章 "一带一路"倡议影响企业税负水平的经济后果

续表

变量	Taxdec(0)	均值(Taxdec=0)	Taxdec(1)	均值(Taxdec=1)	均值差异	Wilcoxon test
AGE	4108	2.150	1977	2.252	−0.102***	−3.022***
PPE	4108	0.214	1977	0.204	0.011**	3.201***
ROA	4108	0.030	1977	0.060	−0.030***	−25.751***
OP	4108	0.022	1977	0.010	0.012***	3.166***
CASH	4108	0.146	1977	0.153	−0.007**	−3.212***
LEV	4108	0.476	1977	0.438	0.038***	6.620***
SG	4108	0.161	1977	0.280	−0.119***	−13.790***
SOE	4108	0.396	1977	0.356	0.040***	2.900***
BETA	4108	1.111	1977	1.102	0.009	1.499
MB	4108	4.024	1977	3.871	0.153**	0.430
RET	4108	0.258	1977	0.211	0.046**	−4.218***
EBITDA	4108	0.129	1977	0.313	−0.184***	−17.854***
ANAL	4108	−0.376	1977	−0.533	0.157**	2.984***
DA	4108	0.066	1977	0.069	−0.003	−2.191**
RD	4108	0.016	1977	0.016	0.000	−0.765
TQ	4108	1.896	1977	2.047	−0.152***	−6.999***
SHARE	4108	35.27	1977	34.92	0.342	0.709
CFO	4108	0.039	1977	0.053	−0.014***	−7.529***
DIV	4108	0.014	1977	0.015	−0.001	−3.681***
DE	4108	1.536	1977	1.015	0.521***	6.153***

注 ***、**、* 分别表示1%、5%和10%的显著性水平，本章下同。

2. 相关系数

表6-4列示了主要变量的相关系数矩阵，可以看出：企业债务融资成本（COD）与非标审计意见、经营活动现金流以及现金股利支付率显著正相关，与企业权益资本成本、贝塔系数与负债权益比显著负相关。企业权益资本成本（COE）与社会责任评级得分、所有权性质以及负债权益比之间的相关系数显著为正，与经营活动现金流之间的相关系数显著为负。社会责任评级得分

（CSR）与贝塔系数和现金股利支付率之间的相关系数显著为负，与所有权性质、经营活动现金流和负债权益比之间的相关系数显著为正。各变量间的相关系数都低于0.3，为避免模型多重共线性问题，本书对方差膨胀因子大于10的变量进行了标准化。

表6-4 主要变量相关系数矩阵

变量	COD	COE	CSR	OP	SOE	BETA	EBITDA	ANAL	CFO	DIV
COE	−0.040									
CSR	−0.032	**0.074**								
OP	**0.042**	0.008	−0.015							
SOE	−0.018	**0.086**	**0.208**	−0.030						
BETA	**−0.041**	0.024	**−0.109**	−0.022	0.014					
EBITDA	−0.001	−0.029	0.021	0.005	−0.014	**−0.035**				
ANAL	0.001	0.029	0.009	−0.000	0.004	−0.016	0.003			
CFO	**0.084**	**−0.053**	**0.072**	−0.027	0.013	**−0.091**	−0.016	0.016		
DIV	**0.119**	**−0.033**	**−0.053**	**−0.032**	**−0.170**	**−0.127**	−0.004	0.018	**0.237**	
DE	**−0.066**	**0.210**	**0.079**	**0.026**	**0.277**	−0.004	−0.016	0.024	**−0.133**	**−0.257**

注 上表列示了主要变量的相关系数矩阵。加粗数值表示该相关系数在10%的显著性水平上显著，加括号数值表示该相关系数的符号为负。

3. 主回归分析

首先，本书利用模型（6.1）检验"一带一路"倡议对企业税负的缓解作用是否有利于降低企业的债务融资成本（假设H6_1a）。由于银行借款是现有金融体系中企业外部债务融资的主要方式，因此，本书主要关注企业因向银行借款而产生的债务融资成本。表6-5列（1）报告了模型（6.1）的检验结果，被解释变量为企业债务融资成本（COD），用债务利息支出与银行借款总额的比值表示。在列（2）中，剔除了对避税天堂进行投资的样本（共251个公司–年度观测值）。回归结果显示：无论是否剔除对避税天堂进行投资的样本，交乘项 *treat×post×Taxdec* 的系数始终在10%的显著性水平上显著为负。该结论说明"一带一路"倡议对企业税负的缓解作用增加了企业的税后现金流，降低了企业对外部债务融资的依赖，最终导致企业的债务融资成本降低。假设H6_1a得到支持。

其次，本书利用模型（6.1）检验"一带一路"倡议对企业税负的缓解作用是否有利于降低企业的权益资本成本（假设H6_1b）。表6-6列（1）报告了模型（6.1）的回归结果，被解释变量为企业权益资本成本（COE），由PEG模型计算得出。在列（2）中，本书剔除了对避税天堂进行投资的样本（共251个公司–年度观测值）。回归结果表明：无论是否删除对避税天堂进行投资的样本，交乘项 $treat \times post \times Taxdec$ 的系数始终在5%的显著性水平上显著为负。这说明"一带一路"倡议对企业税负的缓解作用增加了企业的税后现金流，由于该效应是由政策激励而非企业避税造成的，公司的基本面（经营风险）并未受到显著影响。因此，投资者对这种正向的现金流效应做出积极反应，对预期投资回报率的要求降低，假设H6_1b得到支持。

表6-5 债务融资成本

被解释变量 = COD	（1）模型（6.1）回归结果	（2）剔除对避税天堂投资
$treat \times post \times Taxdec$	−0.000* (−1.700)	−0.000* (−1.894)
$treat \times post$	0.003 (0.660)	0.000 (0.012)
Taxdec	0.005* (1.910)	0.005* (1.907)
LNTA	−0.022*** (−4.979)	−0.022*** (−5.032)
AGE	0.016** (2.034)	0.016** (2.000)
PPE	0.031* (1.683)	0.032* (1.706)
ROA	−0.004 (−0.098)	−0.004 (−0.106)

续表

被解释变量 = COD	（1）模型（6.1）回归结果	（2）剔除对避税天堂投资
OPINION	0.035***	0.035***
	（2.753）	（2.743）
CASH	0.050**	0.051**
	（2.000）	（2.017）
LEV	−0.152***	−0.153***
	（−7.844）	（−7.873）
SG	−0.000	−0.000
	（−0.078）	（−0.035）
SOE	−0.020	−0.020
	（−1.447）	（−1.450）
Cons	0.591***	0.604***
	（5.978）	（6.011）
Year	Yes	Yes
Country	Yes	Yes
Year×prov	Yes	Yes
N	6085	5834
R^2	0.112	0.105

注　本表报告了利用模型（6.1）检验"一带一路"背景下企业税负降低对债务融资成本影响的检验结果，列（1）是模型（6.1）的基准回归结果，列（2）是剔除了对避税天堂进行投资的251个观测值后模型（6.1）的回归结果。***、**、*分别表示1%、5%和10%的显著性水平。所有回归均采用稳健标准误估计，括号内为 t 值。Year 表示年份固定效应，Country 表示投资东道国的国家固定效应，Year×prov 表示年份与省份虚拟变量的交乘项，本章下同。

表6-6　权益资本成本

被解释变量 = COE	（1）模型（6.1）回归结果	（2）剔除对避税天堂投资
treat×post×Taxdec	−0.000**	−0.000**
	（−2.164）	（−2.163）
treat×post	0.014**	0.013**
	（2.577）	（2.308）

第六章 "一带一路"倡议影响企业税负水平的经济后果

续表

被解释变量 = COE	（1） 模型（6.1）回归结果	（2） 剔除对避税天堂投资
Taxdec	−0.001 （−0.777）	−0.001 （−0.795）
BETA	0.010** （2.268）	0.010** （2.306）
LNTA	−0.007* （−1.834）	−0.007* （−1.827）
MB	−0.001 （−0.467）	−0.001 （−0.469）
LEV	0.044*** （2.658）	0.044*** （2.650）
RET	0.003 （1.334）	0.003 （1.310）
EBITDA	0.000** （2.303）	0.000** （2.315）
ANAL	−0.001*** （−6.179）	−0.001*** （−6.161）
DA	0.008 （0.659）	0.008 （0.656）
SOE	0.001 （0.085）	0.001 （0.094）
CASH	−0.005 （−0.361）	−0.005 （−0.383）
AGE	0.006 （1.006）	0.006 （0.980）
SG	−0.003 （−1.450）	−0.003 （−1.388）
PPE	−0.016 （−1.007）	−0.016 （−0.992）
RD	−0.039 （−0.374）	−0.038 （−0.357）

续表

被解释变量 = COE	（1）模型（6.1）回归结果	（2）剔除对避税天堂投资
TQ	−0.004*	−0.004*
	(−1.908)	(−1.915)
ROA	−0.074*	−0.073*
	(−1.952)	(−1.926)
SHARE	−0.000	−0.000
	(−0.857)	(−0.874)
Cons	0.285***	0.286***
	(3.020)	(3.016)
Year	Yes	Yes
Country	Yes	Yes
Year×prov	Yes	Yes
N	6085	5834
R^2	0.387	0.311

注　本表报告了利用模型（6.1）检验"一带一路"背景下企业税负降低对权益资本成本的影响的回归结果，列（1）是模型（6.1）的基准回归结果，列（2）是剔除了对避税天堂进行投资的251个观测值后模型（6.1）的回归结果。

最后，本书利用模型（6.2）检验"一带一路"倡议对企业税负的缓解作用是否有利于提升企业社会责任表现（假设H6_2）。在表6-7中，处理组包括投资"一带一路"沿线国家且税负降低的企业（treat2=1），控制组包括投资非"一带一路"沿线国家或税负上升的企业（treat2=0）。控制变量包括滞后一期的公司层面与行业层面特征变量。在控制了影响企业社会责任表现的因素、年份与国家固定效应、年份与省份交互项后，交乘项 treat2×post 的系数在5%的显著性水平上显著为正。该结果表明相比于控制组企业，参与"一带一路"倡议后税负水平降低的企业显著增加了社会责任投资，社会责任表现更好，假设H6_2得到支持。

第六章 "一带一路"倡议影响企业税负水平的经济后果

表6-7 企业社会责任表现

被解释变量 = CSR	（1）
$treat2 \times post$	0.979**
	（2.373）
$LNTA_{t-1}$	4.264***
	（7.359）
LEV_{t-1}	−1.831
	（−1.033）
AGE_{t-1}	3.059***
	（3.736）
ROA_{t-1}	−11.791***
	（−2.843）
MB_{t-1}	−0.116
	（−0.417）
CFO_{t-1}	3.638**
	（2.056）
DIV_{t-1}	7.452
	（1.633）
DE_{t-1}	0.020
	（0.260）
SOE_{t-1}	0.609
	（0.576）
Adj_lnta_{t-1}	0.490
	（1.611）
Adj_lev_{t-1}	−2.814***
	（−2.887）
Adj_age_{t-1}	0.787
	（1.182）
Adj_roa_{t-1}	0.259**
	（2.337）
Adj_mb_{t-1}	−0.242
	（−0.672）
Adj_cfo_{t-1}	−8.988**
	（−2.039）

续表

被解释变量 = CSR	(1)
Adj_div_{t-1}	22.888
	(1.291)
Adj_de_{t-1}	0.092
	(0.394)
Cons	−9.140
	(−0.661)
Year	Yes
Country	Yes
Year×prov	Yes
N	6085
R^2	0.364

注 本表报告了利用模型（6.2）检验"一带一路"背景下企业税负降低对社会责任表现的影响的回归结果。模型（6.2）采用滞后一期的控制变量，所有变量定义与前文描述相同。

（二）进一步分析

1. 异质性分析——融资约束

第一，债务融资成本。王伟同等（2020）利用群聚方法检验了减税政策对企业债务融资规模和融资成本的影响，他们发现所得税减半征收政策有效降低了中小企业的税收负担、缓解了中小企业融资约束。本书研究发现参与"一带一路"倡议的企业不存在显著的以避税为目的的利润转移行为，"一带一路"倡议通过政策激励机制降低了参与倡议企业的税负水平，增加了企业的税后现金流。这种因政策激励导致的对外投资企业税后现金流的增加，降低了企业对债务融资，特别是对银行借款融资的依赖程度，进而降低了企业的债务融资成本。对模型（6.1）的回归结果验证了上述假设 H6_1a。

若"一带一路"倡议通过缓解对外投资企业税负、增加企业税后现金流的方式降低企业的债务融资成本，那么本书预期参与"一带一路"倡议企业的税

第六章 "一带一路"倡议影响企业税负水平的经济后果

负水平与债务融资成本的负向相关性在融资约束程度较高的企业中更显著。当企业融资约束程度较高时，政府的税收优惠政策能更有效地降低企业对外部债务融资的需求，对企业债务融资成本降低的边际贡献更显著。

基于上述分析，本书根据融资约束程度将所有观测值划分为融资约束较高公司与融资约束较低公司。观测公司的融资约束程度用 SA 指数乘以（-1）衡量，该指标越大，融资约束程度越高。SA 指数由以下公式计算得到：$SA = -0.737 Size + 0.043 Size^2 - 0.04 Age$。其中，Size 表示企业规模（LNTA），Age 表示企业年龄（AGE），变量定义见表 6-1。本书将 SA 指数乘以（-1）的值高于行业中位数的企业划分为融资约束较高公司（FC=1），将 SA 指数乘以（-1）的值低于行业中位数的企业划分为融资约束较低公司（FC=0）。

表 6-8 报告了模型（6.1）在高融资约束组和低融资约束组中的分组回归结果。虚拟变量 Taxdec 衡量企业税负是否降低。在控制了影响对外直接投资、企业税负和债务融资成本的相关因素，并加入年份固定效应、投资东道国国家固定效应和省份时间趋势后，交乘项 treat×post×Taxdec 的系数在高融资约束组（FC=1）中显著为负，在低融资约束组（FC=0）中显著为正。这说明对于融资约束较强的企业来说，政府的税收优惠政策对税负的缓解作用通过增加企业税后现金流的方式降低了企业对债务融资的依赖程度，对降低债权融资成本起到了积极作用。总体来看，表 6-8 的结果支持了本书的预期，即"一带一路"倡议通过政策激励机制增加了企业的税后现金流、降低了企业的债务融资成本，并且这种效应在融资约束较强的企业中更显著。

表 6-8 债务融资成本异质性——融资约束

被解释变量 = COD	（1） FC=1	（2） FC=0
treat×post×Taxdec	-0.000*	0.000***
	（-1.737）	（3.464）
treat×post	0.007	-0.009
	（0.796）	（-0.603）

续表

被解释变量 = COD	（1） FC=1	（2） FC=0
Taxdec	−0.004	0.018***
	(−1.006)	(3.911)
LNTA	−0.016**	−0.027***
	(−2.246)	(−3.679)
AGE	0.010	0.020
	(0.991)	(1.224)
PPE	0.058**	0.020
	(2.265)	(0.596)
ROA	0.137*	0.036
	(1.694)	(0.691)
OPINION	0.039**	0.034**
	(2.496)	(2.072)
CASH	0.072**	−0.007
	(2.184)	(−0.136)
LEV	−0.129***	−0.181***
	(−4.531)	(−5.418)
SG	0.005*	−0.001
	(1.679)	(−0.295)
SOE	0.011	−0.028*
	(0.436)	(−1.750)
Cons	0.301*	0.736***
	(1.960)	(4.283)
Year	Yes	Yes
Country	Yes	Yes
Year×prov	Yes	Yes
N	3042	3043
R^2	0.166	0.169
Chi^2	7.76***	

注　本表报告了从融资约束视角对企业债务融资成本进行异质性分析的结果，即模型（6.1）在高融资约束企业与低融资约束企业中的分组回归结果。SA 指数乘以（−1）的值高于行业中位数的企业被定义为高融资约束企业（FC=1），SA 指数乘以（−1）的值低于行业中位数的企业被定义为低融资约束企业（FC=0）。组间系数差异检验统计量用 Chi^2 表示，本章下同。

第六章 "一带一路"倡议影响企业税负水平的经济后果

第二,权益资本成本。已有文献多从企业避税角度研究税负变化对权益资本成本或投资者期望报酬率的影响。研究认为避税行为通过影响企业自身的预期未来现金流,以及企业预期现金流与市场预期现金流之间的协方差影响企业的权益资本成本(Goh et al.,2016)。一方面,避税产生的税收节约增加了企业预期未来现金流,导致权益资本成本降低(Dyreng et al.,2008)。另一方面,避税可能加大企业现金流的波动性,增加企业现金流与市场现金流间的协方差,从而导致权益资本成本上升。本书研究发现"一带一路"倡议通过政策激励而不是企业避税机制降低了企业税负水平,这意味着参与倡议企业获得了更多的税收节约,而其现金流波动性并未增大。若税负降低导致的权益资本成本下降是现金流效应造成的,那么这种作用应该在税收节约边际收益更大的企业中更显著。

当企业面临较高的融资约束时,往往因缺乏资金来源而不得不放弃一些投资机会,而税收政策激励带来的税收节约为企业投资提供了必要的现金流。因此,对于融资约束较高的企业来说,税收节约的边际收益更高。表6-9报告了模型(6.1)在高融资约束组($FC=1$)和低融资约束组($FC=0$)中的分组回归结果。可以看出:交乘项 *treat×post×Taxdec* 的系数在高融资约束组中显著为负,而在低融资约束组中不显著。总体来看,表6-9的结果支持了现金流假说,即税负降低对权益资本成本下降的促进作用是现金流效应造成的。融资约束越高,现金流效应对降低企业权益资本成本的积极作用越显著。

表6-9 权益资本成本异质性——融资约束

被解释变量 = COE	(1) $FC=1$	(2) $FC=0$
treat×post×Taxdec	−0.036**	−0.001
	(−2.432)	(−0.167)
treat×post	0.031	0.011
	(1.485)	(1.275)
Taxdec	0.010**	−0.007***
	(2.189)	(−2.643)

续表

被解释变量 = COE	（1） FC=1	（2） FC=0
BETA	0.013 （0.975）	0.007 （1.015）
LNTA	−0.004 （−0.377）	−0.005 （−0.872）
MB	−0.005* （−1.719）	−0.001 （−0.302）
LEV	0.056 （1.190）	0.032 （1.178）
RET	0.003 （0.735）	0.004 （1.079）
EBITDA	−0.014* （−1.723）	−0.019 （−0.931）
ANAL	−0.002** （−2.081）	−0.001*** （−7.693）
DA	−0.040 （−0.788）	0.005 （0.300）
SOE	−0.005 （−0.130）	0.026** （2.011）
CASH	0.044 （1.233）	0.003 （0.160）
AGE	0.015 （0.858）	−0.008 （−0.924）
SG	−0.010 （−1.057）	−0.003 （−1.158）
PPE	0.064 （1.389）	−0.018 （−0.715）
RD	−0.505* （−1.692）	−0.008 （−0.064）
TQ	−0.003 （−0.577）	−0.002 （−0.540）
ROA	0.106 （1.093）	0.073 （1.086）

续表

被解释变量 = COE	（1） FC=1	（2） FC=0
SHARE	0.000 （0.901）	–0.000 （–0.025）
Cons	0.252 （0.923）	0.300** （2.275）
Year	Yes	Yes
Country	Yes	Yes
Year×prov	Yes	Yes
N	3042	3043
R^2	0.580	0.450
Chi^2		5.87**

注 本表报告了从融资约束视角对企业权益资本成本进行异质性分析的结果，即模型（6.1）在高融资约束企业（FC=1）与低融资约束企业（FC=0）中的分组回归结果。

2. 异质性分析——盈余信息质量

第一，债务融资成本。公司的盈余信息质量对债务融资成本有着重要影响。研究发现盈余质量较低的企业面临更高的债务利息成本和更低的债券信用评级（Francis et al.，2005）。公司治理水平越高，比如董事会规模越大、独立性越强，企业的负债成本越低（Anderson et al.，2004）。客户发生重述后，银行的债务条款将变得更严苛（Graham et al.，2008）。上述结论说明企业的盈余信息质量与债权融资成本之间存在负向相关性。当盈余信息质量较低时，企业的信息透明度也较低，银行为保证贷款的安全性，可能制订更严格的贷款合约，最终导致企业的债务利息支出增加。基于以上分析，本书将样本企业划分为盈余信息质量较好组和盈余信息质量较差组，并预期税负下降对降低企业债务融资成本的促进作用在盈余信息质量较好的企业中更显著。

首先，借鉴德肖和迪切夫的方法（Dechow & Dichev，2002），本书采用以下模型衡量企业的盈余信息质量（AQ）：

$$\Delta WC_t = \beta_0 + \beta_1 CFO_{t-1} + \beta_2 CFO_t + \beta_3 CFO_{t+1} + \beta_4 \Delta SALE_t + \beta_5 PPE_t + \varepsilon_t$$

被解释变量（ΔWC）表示经过总资产标准化后的企业营运资本的变动量，营运资本变动量等于应收账款、存货与其他流动资产三者变化量之和减去应付账款、应付税费与其他流动负债三者变化量之差。解释变量包括：经营活动产生的现金流量（CFO）、经总资产标准化的销售收入变化量（$\Delta SALE$）以及经总资产标准化的固定资产总额（PPE）。对上述等式进行分行业、分年度回归，盈余信息质量（AQ）用该模型残差（ε_t）从 $t+1$ 到 $t+4$ 年的标准差与（-1）的乘积表示。该指标数值越大，企业盈余信息质量越高。

其次，将 AQ 的数值高于行业中位数的企业划分为盈余质量较高组（$HAQ=1$），将 AQ 的数值低于行业中位数的企业划分为盈余质量较低组（$HAQ=0$）。最后，将模型（6.1）在两组中分别进行回归并比较交乘项回归系数的显著性。

表 6-10 报告了分组回归的结果：在列（1）中，交乘项 $treat\times post\times Taxdec$ 的系数在 10% 的显著性水平上显著为负。在列（2）中，交乘项 $treat\times post\times Taxdec$ 的系数为正且不显著。上述结果表明"一带一路"倡议对企业税负的缓解作用降低了企业的债务融资成本，这种效应在盈余信息质量较高的企业中更显著。与本书预期一致，当企业盈余信息质量较高时，税负下降对降低公司债权融资成本的积极效果更显著。

表 6-10 债务融资成本异质性——盈余信息质量

被解释变量 = COD	（1） HAQ=1	（2） HAQ=0
$treat\times post\times Taxdec$	−0.000*	0.000
	（−1.773）	（0.707）
$treat\times post$	−0.003	−0.003
	（−0.349）	（−0.249）
$Taxdec$	0.004	0.005
	（0.875）	（1.227）
$LNTA$	−0.032***	−0.016**
	（−4.208）	（−2.250）

续表

被解释变量 = COD	（1） HAQ=1	（2） HAQ=0
AGE	0.011	0.019
	（0.888）	（1.641）
PPE	−0.000	0.000
	（−1.215）	（1.113）
ROA	0.076	−0.019
	（1.090）	（−0.307）
OPINION	0.043**	−0.002
	（2.219）	（−0.096）
CASH	0.021	0.019
	（0.514）	（0.507）
LEV	−0.125***	−0.207***
	（−3.926）	（−6.504）
SG	0.000	−0.000
	（0.212）	（−0.627）
SOE	−0.031*	−0.044*
	（−1.710）	（−1.753）
Cons	0.803***	0.395**
	（5.145）	（2.005）
Year	Yes	Yes
Country	Yes	Yes
Year×prov	Yes	Yes
N	3042	3043
R^2	0.041	0.155
Chi^2	6.17**	

注　本表报告了从盈余信息质量视角对企业债务融资成本进行异质性分析的结果，即模型（6.1）在盈余信息质量较高的企业（HAQ=1）与盈余信息质量较低的企业（HAQ=0）中的分组回归结果。

第二，权益资本成本。研究发现盈余信息质量越高，越有利于投资者评估企业未来价值与未来现金流的不确定性（Lambert et al., 2007）。当企业盈余信息质量较好时，外部监督机制运行更有效，代理问题更少。因此，企业盈余信息质量与权益资本成本之间存在负相关关系（Dechow et al., 2010）。根据上述结论，本书预期税负下降对降低权益资本成本的促进作用在盈余信息质量较高的企业中更显著。类似地，本书根据盈余信息质量将样本企业划分为盈余信息质量较高组（$HAQ=1$）与盈余信息质量较低组（$HAQ=0$），并比较模型（6.1）在这两组中分组回归系数的显著性。表6-11报告了该检验的结果：交乘项 $treat \times post \times Taxdec$ 的系数在盈余信息质量较高组（$HAQ=1$）中为负，在盈余信息质量较低组（$HAQ=0$）中为正，但两者均不具有统计意义上的显著性。总体来看，上述结果支持了本书预期，即企业盈余信息质量越高，投资者越有能力评估因税负下降带来的节税效应对企业未来预期现金流的积极影响，进而降低对企业投资报酬率的要求。

表6-11 权益资本成本异质性——盈余信息质量

被解释变量 = COE	（1） $HAQ=1$	（2） $HAQ=0$
$treat \times post \times Taxdec$	−0.011 （−1.029）	0.000 （0.170）
$treat \times post$	0.027** （2.171）	0.009 （1.219）
$Taxdec$	−0.001 （−0.359）	−0.000 （−0.128）
$BETA$	0.007 （0.909）	−0.001 （−0.169）
$LNTA$	−0.005 （−0.939）	−0.007 （−1.455）
MB	0.003 （1.353）	−0.000 （−0.127）
LEV	−0.009 （−0.376）	0.074*** （2.941）
RET	0.007* （1.737）	−0.002 （−0.583）
$EBITDA$	0.004*** （3.065）	0.055** （2.084）

第六章 "一带一路"倡议影响企业税负水平的经济后果

续表

被解释变量 = COE	（1） HAQ=1	（2） HAQ=0
ANAL	−0.000	−0.001***
	（−1.485）	（−8.625）
DA	−0.001	0.043*
	（−0.076）	（1.748）
SOE	−0.004	−0.024
	（−0.338）	（−1.360）
CASH	−0.011	−0.025
	（−0.570）	（−1.167）
AGE	0.002	−0.006
	（0.225）	（−0.672）
SG	−0.000**	0.000
	（−2.355）	（0.365）
PPE	0.000	0.000
	（0.853）	（0.251）
RD	−0.027	−0.211
	（−0.170）	（−1.549）
TQ	−0.011***	−0.002
	（−2.815）	（−0.723）
ROA	−0.122**	−0.168**
	（−2.297）	（−2.065）
SHARE	−0.000	−0.001**
	（−0.201）	（−2.109）
Cons	0.243*	0.346***
	（1.886）	（2.984）
Year	Yes	Yes
Country	Yes	Yes
Year×prov	Yes	Yes
N	3042	3043
R^2	0.357	0.363
Chi^2		2.56

注 本表报告了从盈余信息质量视角对企业权益资本成本进行异质性分析的结果，即模型（6.1）在盈余信息质量较高的企业（HAQ=1）与盈余信息质量较低的企业（HAQ=0）中的分组回归结果。

3. 企业社会责任的行业溢出效应

在前文中，模型（6.2）的回归结果表明"一带一路"倡议对企业税负的缓解作用有利于提升对外投资企业的社会责任表现。在本节中，本书进一步考察当参与"一带一路"倡议企业增加社会责任投资、提升社会责任表现时，未参与倡议的同行竞争者（即同伴企业，peer firms）是否会对此行为作出战略反应（strategic reaction），同时提升自身的社会责任表现，即是否存在企业社会责任的行业溢出效应。

企业的经营活动面临激烈的市场竞争，同行竞争者的行为深刻影响着企业的投资决策与战略决策（Bailey et al.，2018），如企业的社会责任决策。企业承担社会责任过少不利于维护企业声誉与品牌形象，承担社会责任过多则容易招致外界的过度关注。因此，企业有动机维持与其竞争者相同水平的社会责任投入，避免被认为"不合群"（Dyreng et al.，2016）。与此同时，企业可以通过"学习"竞争者承担社会责任的行为制定自身的社会责任战略，这有利于降低企业履行社会责任的成本（Cen et al.，2020）。此外，企业可能模仿那些他们认为拥有更多私有信息的行业领导者的行为，因为这些行业领导者可以利用信息优势做出最优社会责任决策（Kubick et al.，2014）。避免过度关注、学习同伴企业行为、跟随行业领导者等现象均表明企业的社会责任表现对同行业其他企业的社会责任表现具有重要影响。曹杰等人研究发现企业通过社会责任提案后，同行竞争企业下一年的社会责任表现有显著改善，他们认为这种溢出效应产生的原因是同行竞争企业为了获得产品市场竞争优势（Cao et al.，2019）。上述发现支持了企业履行社会责任具有正向的行业溢出效应这一结论。

本书借鉴阿姆斯特朗等人提出的部分重叠分组法（Armstrong et al.，2019）重新识别处理组与控制组，并利用如下模型（6.3）检验企业社会责任的行业溢出效应：

$$CSR_{it}=\alpha+\beta(treat3_{ij} \times post)+\theta Firmcontrols_{it-1}+\varphi Industrycontrols_{-ijt-1}+\lambda_t+3_i+trend_{t,j}+\varepsilon_{it}$$

（6.3）

第六章 "一带一路"倡议影响企业税负水平的经济后果

其中，treat3 表示处理组与控制组的分组变量，自身未参与但同伴公司参与"一带一路"倡议的公司为处理组，treat3=1；自身与同伴公司均未投资倡议周边国家的公司为控制组，treat3=0。处理组与控制组的唯一区别在于是否有同伴企业投资"一带一路"沿线国家。本书仅保留了完全在国内经营（未进行对外直接投资）的观测值，因此，处理组与控制组样本在"一带一路"倡议实施前后社会责任表现变化的差异可以归因于对同伴企业行为变化的战略反应。λ_t、μ_i 和 $trend_{t,j}$ 分别表示年份固定效应、企业固定效应以及地区时间趋势（年份与地区虚拟变量的交乘项），ε_{it} 表示随机扰动项。其他变量定义与前文描述相同。

交乘项 treat3×post 的系数 β 衡量了在控制其他因素后，企业对同行竞争者社会责任水平变化做出的战略反应。本书预期系数 β 的符号为正，表明未参与"一带一路"倡议企业对参与倡议同伴企业的社会责任水平变化做出战略反应，同向调整自身社会责任水平，即企业的社会责任承担具有正向的同行溢出效应。

表 6-12 报告了模型（6.3）的回归结果：解释变量 treat3×post 的系数在 10% 的水平上显著为正。该结果表明相对于同行竞争者未参与"一带一路"倡议的企业，同行竞争者参与"一带一路"倡议的企业在倡议实施后显著提升了自身的社会责任表现。总体来看，表 6-7 和表 6-12 的结果表明"一带一路"倡议对企业税负的缓解作用不仅对提升参与倡议企业的社会责任表现有积极影响，还有利于促进未参与倡议的同行竞争者提升自身的社会责任表现。参与"一带一路"倡议企业的社会责任投资更多，社会责任表现更好。未参与倡议的国内同伴企业对这种变化做出战略反应，同样提升了自身的社会责任表现。"一带一路"背景下的社会责任投资具有显著的正向同行溢出效应。

表 6-12 社会责任的行业溢出效应

被解释变量 = CSR	（1）企业社会责任的行业溢出效应
treat3×post	1.482* （1.699）

续表

被解释变量 = CSR	（1）企业社会责任的行业溢出效应
$LNTA_{t-1}$	4.392***
	（19.846）
LEV_{t-1}	−1.762
	（−1.374）
AGE_{t-1}	−1.956***
	（−6.352）
ROA_{t-1}	−15.548***
	（−4.583）
MB_{t-1}	−1.402***
	（−5.940）
CFO_{t-1}	8.214***
	（3.539）
DIV_{t-1}	−10.489
	（−1.400）
DE_{t-1}	−0.239**
	（−2.123）
SOE_{t-1}	0.983**
	（2.340）
Adj_lnta_{t-1}	0.155
	（0.578）
Adj_lev_{t-1}	−4.866***
	（−3.008）
Adj_age_{t-1}	−0.731
	（−1.382）
Adj_roa_{t-1}	−0.133
	（−1.262）
Adj_mb_{t-1}	0.445
	（1.181）
Adj_cfo_{t-1}	11.125**
	（2.018）
Adj_div_{t-1}	52.644***
	（2.792）

续表

被解释变量 = CSR	（1）企业社会责任的行业溢出效应
Adj_de_{t-1}	0.058
	（0.222）
cons	−59.486***
	（−9.904）
Year	Yes
Firm	Yes
Year×prov	Yes
N	3459
R^2	0.349

注 本表报告了利用模型（6.3）对企业社会责任行业溢出效应进行检验的回归结果。被解释变量 CSR 表示企业的社会责任表现，treat3 表示处理组与控制组的分组变量，Firm 表示企业个体固定效应。

（三）稳健性检验

1. 重新进行分组回归

在主回归分析中，本书使用模型（6.1）分别考察了"一带一路"背景下企业税负下降对企业债务融资成本和权益资本成本的影响，并利用交乘项 treat×post×Taxdec 系数的符号判断上述影响的正负性。在稳健性检验中，本书采用分组回归的方法对模型（6.1）进行重新检验。被解释变量分别为企业债务融资成本（COD2）和企业权益资本成本（COE2），解释变量为交乘项 treat×post。分组变量为指示变量 Taxdec，若企业 i 在第 t 年的现金实际税率（CETR）低于其在第 t−1 年的现金实际税率，则该变量取值为 1。所有变量定义与表 6-1 中的描述相同。

首先，利用分组回归方法检验"一带一路"倡议对企业税负的缓解作用是否有利于降低公司的债权融资成本。公司债权融资成本（COD2），等于企业利息支出与有息负债总额之比。表 6-13 报告了当被解释变量为 COD2 时模型（6.1）在税负降低组（Taxdec=1）与税负增加组（Taxdec=0）的分组回归结果。

可以看出：交乘项 $treat \times post$ 的系数在税负降低的企业（$Taxdec=1$）中显著为负，在税负上升的企业（$Taxdec=0$）中为负但不显著。表6-13与表6-5的结果一致，都证实了"一带一路"倡议对企业税负的缓解作用有利于降低参与倡议企业的债务融资成本。

表6-13 分组回归——债务融资成本

被解释变量 = COD2	（1） Taxdec=1	（2） Taxdec=0
treat×post	−0.024*	−0.004
	(−1.680)	(−0.805)
LNTA	−0.011*	−0.020***
	(−1.739)	(−4.221)
AGE	0.020	0.024***
	(1.353)	(3.233)
PPE	0.061**	0.026
	(1.965)	(1.401)
ROA	0.183**	−0.062*
	(2.286)	(−1.912)
OPINION	0.068**	0.026**
	(2.248)	(2.375)
CASH	0.016	0.041
	(0.357)	(1.601)
LEV	−0.129***	−0.098***
	(−4.807)	(−5.061)
SG	−0.002	0.003
	(−0.428)	(1.135)
SOE	−0.010	−0.018
	(−0.660)	(−1.032)
Cons	0.203	0.469***
	(1.471)	(4.596)
Year	Yes	Yes
Country	Yes	Yes
Year×prov	Yes	Yes
N	1977	4108

第六章 "一带一路"倡议影响企业税负水平的经济后果

续表

被解释变量 = COD2	（1）Taxdec=1	（2）Taxdec=0
R^2	0.179	0.066
Chi^2		1.77

注　本表报告了当被解释变量为企业债务融资成本（COD2）时，模型（6.1）在税负降低组（Taxdec=1）与税负上升组（Taxdec=0）的分组回归结果。解释变量为交乘项 treat×post。

其次，利用分组回归方法检验"一带一路"倡议对企业税负的缓解作用是否有利于降低企业的权益资本成本。企业权益资本成本（COE2）由 MPEG 模型计算得出（Easton，2004）：

$$r_e=\sqrt{Eps_{t+2}+r_eDps_{t+1}-Eps_{t+1}/p_t}$$

其中，r_e 表示权益资本成本；EPS_{t+1} 与 EPS_{t+2} 分别表示分析师对企业未来一年和未来两年的每股收益的预测值；DPS_{t+1} 表示企业下一年的每股股利，等于 EPS_{t+1} 与过去三年平均股利支付率的乘积；P_t 表示企业当年的股票收盘价。所有数据均来源于国泰安 CSMAR 数据库。表 6-14 报告了当被解释变量为 COE2 时模型（6.1）在税负降低组（Taxdec=1）与税负增加组（Taxdec=0）的分组回归结果。可以看出：交乘项 treat×post 的系数在税负降低的企业（Taxdec=1）中显著为负，在税负上升的企业（Taxdec=0）中为正且不显著。表 6-14 与表 6-6 的结果一致，都证实了"一带一路"倡议对企业税负的缓解作用有利于降低参与倡议企业的权益资本成本。

表 6.14　分组回归——权益资本成本

被解释变量 = COE2	（1）Taxdec=1	（2）Taxdec=0
treat×post	−0.013* （−1.827）	0.002 （0.197）
BETA	0.002 （0.435）	0.008 （1.134）
LNTA	−0.002 （−0.564）	−0.007 （−1.204）

续表

被解释变量 = COE2	（1）Taxdec=1	（2）Taxdec=0
MB	−0.003	−0.001
	（−1.252）	（−0.383）
LEV	0.057**	0.046
	（2.560）	（1.337）
RET	−0.011	0.004
	（−1.617）	（1.323）
EBITDA	−0.049***	0.067**
	（−3.760）	（2.495）
ANAL	−0.001***	−0.000
	（−8.459）	（−0.081）
DA	0.004	0.061***
	（0.248）	（2.699）
SOE	0.003	−0.017
	（0.272）	（−0.843）
CASH	−0.011	−0.001
	（−0.640）	（−0.036）
AGE	−0.002	−0.009
	（−0.259）	（−1.089）
SG	−0.008***	−0.006
	（−2.732）	（−1.364）
PPE	0.009	−0.000
	（0.434）	（−0.014）
RD	−0.233***	−0.035
	（−2.893）	（−0.204）
TQ	−0.013***	−0.004
	（−3.859）	（−0.691）
ROA	0.534***	−0.156**
	（10.538）	（−2.080）
SHARE	−0.000	0.000
	（−0.380）	（0.012）
Cons	0.183**	0.283**
	（2.182）	（2.305）

续表

被解释变量 = COE2	（1） Taxdec=1	（2） Taxdec=0
Year	Yes	Yes
Country	Yes	Yes
Year×prov	Yes	Yes
N	1977	4108
R^2	0.194	0.315
Chi^2	2.06	

注 本表报告了当被解释变量为企业权益资本成本（COE2）时，模型（6.1）在税负降低组（Taxdec=1）与税负上升组（Taxdec=0）的分组回归结果。解释变量为交乘项 treat×post。

2. 重新检验社会责任表现

在稳健性检验中，本书借鉴阿姆斯特朗等人的方法（Armstrong et al.，2019）并使用模型（6.2）考察"一带一路"倡议对企业税负的缓解作用对企业社会责任水平的影响。被解释变量为企业社会责任水平（CSR），解释变量为交乘项 Rtreat×post。参与对外直接投资且投资国是"一带一路"沿线国家的企业为处理组，Rtreat=1；未参与对外直接投资且同行竞争者未投资"一带一路"沿线国家的企业为控制组，Rtreat=0。控制变量包括滞后一期的公司层面与行业层面特征变量。表6-15 的结果表明：在控制了影响企业社会责任水平的因素、年份与国家固定效应、年份与地区交互项后，交乘项 Rtreat×post 的系数在 1% 的显著性水平上显著为正。该结果说明相比于未参与对外直接投资的企业，参与"一带一路"投资企业的社会责任表现在倡议实施后明显提升，假设 H6_2 得到支持。

表 6-15 稳健性——企业社会责任表现

被解释变量 = CSR	（1） 重新定义处理组与控制组
Rtreat×post	2.450*** （2.813）

续表

被解释变量 = CSR	（1）重新定义处理组与控制组
$LNTA_{t-1}$	1.568**
	(2.500)
LEV_{t-1}	0.902
	(0.551)
AGE_{t-1}	−0.039
	(−0.047)
ROA_{t-1}	−3.722
	(−0.987)
MB_{t-1}	0.068
	(0.252)
CFO_{t-1}	2.409
	(1.511)
DIV_{t-1}	14.145***
	(2.617)
DE_{t-1}	0.029
	(0.455)
SOE_{t-1}	0.389
	(0.349)
Adj_lnta_{t-1}	0.133
	(0.424)
Adj_lev_{t-1}	−0.234
	(−0.331)
Adj_age_{t-1}	−0.098
	(−0.149)
Adj_roa_{t-1}	0.234*
	(1.789)
Adj_mb_{t-1}	−0.670
	(−1.645)
Adj_cfo_{t-1}	−2.497
	(−0.524)
Adj_div_{t-1}	14.076
	(0.893)

第六章 "一带一路"倡议影响企业税负水平的经济后果

续表

被解释变量 = CSR	（1）重新定义处理组与控制组
Adj_de_{t-1}	0.041
	（0.155）
Cons	1.252
	（0.091）
Year	Yes
Country	Yes
Year×prov	Yes
N	3883
R^2	0.481

注 本表报告了使用新的分组变量 Rtreat 后模型（6.2）的回归结果，解释变量为交乘项 Rtreat×post。

3. 替换融资约束衡量指标

在进一步分析中，企业融资约束程度的衡量指标为 SA 指数与（-1）的乘积。在稳健性检验中，本书使用 KZ 指数作为衡量公司融资约束程度的替代指标（Kaplan & Zingales, 1997）。KZ 指数越大，公司面临的融资约束越严重。各企业的 KZ 指数由以下公式计算得出：

$$KZ_{it} = -1.002\frac{CF_{it}}{A_{it-1}} - 39.368\frac{DIV_{it}}{A_{it-1}} - 1.315\frac{C_{it}}{A_{it-1}} + 3.139LEV_{it} + 0.283Q_{it}$$

其中，CF 表示企业的经营活动净现金流，DIV 表示支付的现金股利，C 表示企业持有的现金，LEV 表示账面杠杆率，Q 表示托宾 Q 值，A_{it-1} 表示上一期总资产。本书根据每个行业-年度 KZ 指数的中位数将观测值分类为高融资约束企业（FC2=1）与低融资约束企业（FC2=0），并将模型（6.1）在两组中分别进行回归。表 6-16 的结果显示：不论被解释变量是企业债务融资成本（COD）还是企业权益资本成本（COE），解释变量 treat×post×Taxdec 的系数均在融资约束较高组，即列（1）、列（3）中显著为负，而在融资约束较低组，即列（2）、列（4）中，该系数的显著性消失。这与表 6-8 和表 6-9 的结论一致，即"一带一路"倡议对企业税负的缓解作用降低了企业的债务融资成本和权益资本成本,该效应在融资约束较高的企业中更显著。

表 6-16　替换融资约束衡量指标

	COD	COD	COE	COE
融资约束程度＝ KZ	（1） FC2=1	（2） FC2=0	（3） FC2=1	（4） FC2=0
treat×post×Taxdec	−0.009* （−1.914）	−0.000 （−0.069）	−0.000* （−1.807）	−0.002 （−0.226）
treat×post	0.006 （1.065）	0.008 （0.657）	0.021*** （2.673）	0.002 （0.123）
Taxdec	0.008** （2.186）	0.005 （1.037）	−0.004* （−1.808）	0.001 （0.289）
LNTA	−0.027*** （−4.794）	−0.017* （−1.785）	−0.008 （−1.649）	−0.011 （−1.579）
LEV	−0.100*** （−3.958）	−0.246*** （−6.982）	0.048* （1.861）	0.028 （1.020）
SOE	−0.038*** （−2.939）	0.027 （1.191）	0.012 （0.657）	−0.009 （−0.637）
CASH	0.030 （0.765）	−0.015 （−0.360）	0.003 （0.172）	0.048 （1.355）
AGE	0.041*** （3.732）	−0.002 （−0.120）	0.011* （1.714）	−0.021 （−1.644）
SG	0.002 （0.662）	0.001 （0.217）	−0.005* （−1.876）	0.003 （0.831）
PPE	0.042** （2.207）	0.018 （0.501）	−0.017 （−0.737）	0.021 （0.693）
ROA	−0.012 （−0.260）	0.048 （0.498）	0.046 （0.907）	−0.109 （−1.492）
MB			−0.001 （−0.319）	−0.000 （−0.021）
BETA			0.005 （0.889）	0.006 （0.685）
RET			0.007** （1.962）	0.004 （1.438）
EBITDA			0.001* （1.696）	0.000 （0.442）

续表

融资约束程度 = KZ	COD (1) FC2=1	COD (2) FC2=0	COE (3) FC2=1	COE (4) FC2=0
ANAL			−0.001*** (−13.435)	−0.000 (−0.344)
DA			−0.004 (−0.271)	0.026 (1.270)
RD			−0.101 (−0.850)	−0.121 (−0.583)
TQ			−0.010** (−2.515)	−0.007* (−1.902)
SHARE			−0.000 (−0.540)	0.000 (0.587)
OPINION	0.024* (1.855)	0.053* (1.856)		
Cons	0.747*** (5.979)	0.130 (0.425)	0.189* (1.805)	0.486*** (2.754)
Year	Yes	Yes	Yes	Yes
Country	Yes	Yes	Yes	Yes
Year×prov	Yes	Yes	Yes	Yes
N	3042	3043	3042	3043
R^2	0.126	0.161	0.188	0.545
Chi^2		3.27*		3.14*

注 本表报告了使用 KZ 指数衡量融资约束程度后，模型（6.1）在高融资约束企业（FC2=1）与低融资约束企业（FC2=0）中的分组回归结果。

4. 替换盈余信息质量衡量指标

在进一步分析中，盈余信息质量（AQ）用 DD 模型的残差从 $t+1$ 到 $t+4$ 年的标准差衡量。在稳健性检验中，本书利用科塔里等人的应计盈余模型（Kothari et al., 2005）衡量盈余信息质量（AQ2），该模型考虑了企业未来非操纵性盈余的增加与利润增长情况：

$$\frac{TA_{i,t}}{A_{i,t-1}} = \alpha_0 + \alpha_1 \frac{1}{A_{i,t-1}} + \alpha_2 \left[\frac{\Delta REV_{i,t}}{A_{i,t-1}}\right] + \alpha_3 \frac{PPE_{i,t}}{A_{i,t-1}} + \alpha_4 \frac{ROA_{i,t}}{A_{i,t-1}} + \varepsilon$$

其中，$A_{i,t-1}$表示上一期总资产，ΔREV表示企业销售收入的变化量，PPE表示固定资产，ROA表示总资产收益率。企业的盈余信息质量（$AQ2$）用该模型的残差从$t+1$到$t+4$年的标准差衡量。$AQ2$的绝对值越大，企业盈余信息质量越高。本书根据每个行业－年度$AQ2$的中位数，将$AQ2$的数值高于行业中位数的企业定义为盈余信息质量较高的企业（$HAQ2=1$），将$AQ2$的数值低于行业中位数的企业定义为盈余信息质量较差的企业（$HAQ2=0$）。

表6-17报告了模型（6.1）的分组回归结果，列（1）、列（2）的被解释变量为企业债务融资成本（COD），列（3）、列（4）的被解释变量为企业权益资本成本（COE）。可以看出解释变量$treat \times post \times Taxdec$的系数在盈余质量较高的企业，即列（1）、列（3）中显著为负，而在盈余信息质量较差的企业，即列（2）、列（4）中为正且不显著。上述结果说明，"一带一路"倡议对企业税负的缓解作用能降低企业的融资成本这一效应在盈余信息质量较高的企业中更显著，表6-10和表6-11的结论是稳健的。

表6-17 替换盈余信息质量衡量指标

盈余信息质量 = AQ2	COD		COE	
	（1） HAQ2=1	（2） HAQ2=0	（3） HAQ2=1	（4） HAQ2=0
$treat \times post \times Taxdec$	−0.000**	0.009	−0.000***	0.001
	（−2.240）	（0.762）	（−3.199）	（0.077）
$treat \times post$	−0.001	−0.007	0.015*	0.019*
	（−0.072）	（−0.634）	（1.766）	（1.669）
Taxdec	0.004	0.006	0.001	−0.004
	（1.254）	（1.379）	（0.347）	（−1.169）
LNTA	−0.022***	−0.024***	−0.013**	−0.013***
	（−3.010）	（−4.368）	（−2.440）	（−2.741）
LEV	−0.133***	−0.175***	0.059*	0.073***
	（−4.433）	（−6.588）	（1.938）	（2.857）

第六章 "一带一路"倡议影响企业税负水平的经济后果

续表

盈余信息质量 = AQ2	COD (1) HAQ2=1	COD (2) HAQ2=0	COE (3) HAQ2=1	COE (4) HAQ2=0
SOE	0.008 (0.595)	−0.080*** (−2.982)	−0.016 (−1.467)	0.015 (0.821)
CASH	0.033 (0.921)	0.034 (0.936)	0.030 (1.338)	−0.013 (−0.687)
AGE	0.025** (2.562)	0.027** (2.433)	0.003 (0.310)	−0.002 (−0.174)
SG	0.000 (0.038)	0.000 (0.732)	−0.002 (−0.727)	−0.003 (−0.825)
PPE	0.000 (0.869)	−0.000 (−1.593)	0.003 (0.110)	−0.058** (−2.494)
ROA	−0.129 (−1.338)	0.067 (1.059)	−0.070 (−1.064)	−0.098* (−1.904)
MB			0.002 (0.647)	−0.002* (−1.677)
BETA			0.001 (0.171)	0.001 (0.189)
RET			0.003 (0.716)	−0.001 (−0.189)
EBITDA			0.000** (1.976)	0.004*** (2.751)
ANAL			−0.001*** (−10.696)	−0.000 (−0.221)
DA			0.130 (1.580)	−0.017 (−0.573)
RD			−0.268 (−1.581)	−0.031 (−0.217)
TQ			−0.008* (−1.798)	−0.002 (−0.599)
SHARE			−0.000 (−1.287)	−0.000 (−0.271)

续表

	COD		COE	
盈余信息质量 = AQ2	（1） HAQ2=1	（2） HAQ2=0	（3） HAQ2=1	（4） HAQ2=0
OPINION	0.029 （1.498）	0.048*** （2.653）		
Cons	0.549*** （3.766）	0.656*** （5.175）	0.339*** （2.881）	0.440*** （3.892）
Year	Yes	Yes	Yes	Yes
Country	Yes	Yes	Yes	Yes
Year×prov	Yes	Yes	Yes	Yes
N	3042	3043	3042	3043
R^2	0.026	0.122	0.188	0.315
Chi^2	2.11		2.53	

注 本表报告了使用 $AQ2$ 衡量企业盈余信息质量后，模型（6.1）在盈余信息质量较高的企业（$HAQ2=1$）与盈余信息质量较低的企业（$HAQ2=0$）中的分组回归结果。

四、小结

第四章考察了"一带一路"倡议对参与倡议企业税负水平的影响以及这种影响的异质性。双重差分结果表明"一带一路"倡议显著降低了参与倡议企业的税收负担，该作用在民营企业、地方国有企业、合作重点产业以及面临较高税收征管强度的企业中更显著。第五章进一步探究了"一带一路"倡议影响企业税负水平的作用机制。回归结果证实"一带一路"倡议通过政策激励机制（税费返还与投资税盾）而非企业避税机制影响参与倡议企业的税负水平。参与"一带一路"倡议的企业不存在显著的以避税为动机的利润转移行为。在此基础上，本章从企业融资成本与投资决策两方面对"一带一路"倡议降低企业税负水平的经济后果进行研究，并从融资约束与盈余信息质量视角检验上述影响的异质性。

第六章 "一带一路"倡议影响企业税负水平的经济后果

第一,融资成本。本章检验了"一带一路"倡议对企业税负的缓解作用是否有利于降低企业的债务融资成本与权益资本成本。研究结果表明:"一带一路"倡议对企业税负的缓解作用有利于降低企业的债务融资成本与权益资本成本。当企业的融资约束较强、盈余信息质量较高时,这种作用更明显。这说明"一带一路"倡议相关的政策激励有效增加了企业的税后现金流,降低了企业对债务融资的依赖,同时降低了投资者对预期投资回报的要求。

第二,投资决策。本章检验了"一带一路"倡议对企业税负的缓解作用是否有利于提升参与倡议企业的社会责任表现。研究结果显示:"一带一路"倡议对企业税负的缓解作用有利于提升企业的社会责任表现,并且这种社会责任表现的提升存在显著的正向同行溢出效应。相比于同行竞争者未参与"一带一路"倡议的国内企业,同行竞争者参与倡议的国内企业显著提升了自身的社会责任表现。一方面,这说明投资"一带一路"对企业税负的缓解作用增加了企业可用于社会责任投资的现金流;另一方面,说明企业有动机利用增加社会责任投资和优化社会责任表现来维护良好的企业形象、维持与利益相关者的良好互动,以便在未来获取更多的母国与东道国的税收优惠与政策支持。

综上所述,"一带一路"倡议对企业税负的缓解作用不仅对降低企业的债务融资成本和权益资本成本有积极影响,还有利于提升对外投资企业与国内同行企业的社会责任表现。上述结论丰富了企业税负变化的经济后果方面的文献,为宏观政策影响企业的融资成本与社会责任水平方面的研究提供了实证证据。

第七章

结论与政策建议

一、主要结论

"一带一路"倡议是中国为参与全球开放合作、改善全球经济治理体系、促进全球共同发展繁荣以及推动构建人类命运共同体贡献的中国方案。"一带一路"倡议的实施激发了对外直接投资企业的经营活力,加强了我国与沿线国家之间的经贸联系,为我国构建高水平对外开放型经济与推动经济高质量发展提供了新动能。由于"一带一路"沿线国家在经济发展水平、营商环境与制度环境方面存在较大差异,这使得对外直接投资企业在这些国家的生产经营活动面临不确定性。避免税基侵蚀与利润转移行动计划、母国与东道国的税收优惠政策、企业自身的避税策略等因素都将不可避免地影响对外直接投资企业的税负水平。在此背景下,本书分别考察了"一带一路"倡议对企业税负水平的影响与异质性、倡议影响企业税负水平的政策激励机制与企业避税机制以及"一带一路"背景下企业税负降低对筹资成本与非财务投资决策的影响。主要结论包括以下三方面。

第一,"一带一路"倡议的实施显著降低了参与倡议企业的税负水平。一方面,"一带一路"沿线国家的制度环境差异导致对外投资企业利用各国税制差异进行税收筹划的难度较大,跨国反避税与税务稽查合作不断深化导致企业面临更高的避税风险与避税成本,税收负担可能增加。另一方面,我国政府为参与倡议企业提供了一系列政策扶持,有利于企业综合利用各种政策优惠降低自身的经营成本。母国与东道国间的双边税收协定避免了双重征税、降低了对外投资企业的税收不确定性,税收负担可能降低。利用2009—2018年中国A股非金融类上市公司数据对"一带一路"倡议对企业税负水平的影响进行双重差

第七章 结论与政策建议

分估计,实证结果表明:"一带一路"倡议显著缓解了参与倡议企业的税收负担,并且这种影响随着时间推移而不断增强。异质性分析表明"一带一路"倡议对企业税收负担的缓解作用在民营企业、地方国有企业、合作重点产业以及面临较强税收征管的企业中更显著。在经过平行趋势假设检验、安慰剂测试、使用替代性衡量指标、倾向匹配得分等一系列稳健性检验后,上述结论仍然存在。

第二,"一带一路"倡议通过政策激励机制降低了参与倡议企业的税负水平。从宏观政策视角看,我国与东道国政府为参与倡议企业提供了一系列政策扶持与税收优惠,我国与倡议沿线国家签订的税收协定有效避免了重复征税问题。从微观企业视角看,参与倡议企业既可以通过将利润转移至低税率国家来降低母国税负,也可以利用各国税法允许的税费抵扣项目降低应纳税额。本书使用2009—2018年A股非金融类上市公司数据,从税费返还、债务税盾、研发税盾、投资税盾与双边税收协定五个方面检验"一带一路"倡议影响企业税负水平的政策激励机制。从税负波动、融资约束与利润转移三个方面检验"一带一路"倡议影响企业税负水平的企业避税机制。实证结果表明:政策激励机制是导致参与"一带一路"倡议企业税负降低的主要原因,企业避税行为的影响不显著。税费返还与投资税盾是缓解参与倡议企业税负的主要政策激励,债务税盾、研发税盾与双边税收协定等政策激励的作用不显著。参与倡议企业的母公司利润水平并无显著降低,不存在明显的以避税为目的利润转移行为。上述结论在经过替换衡量指标、重新定义分组变量、增加控制变量与使用新回归模型等稳健性检验后仍然成立。

第三,"一带一路"倡议对税负的缓解作用降低了企业的筹资成本,提升了企业的社会责任表现。税负降低直接导致企业的税后现金流增加,这使得投资者要求的期望报酬率降低。税负下降间接降低了债务税盾的边际收益,这使得企业的资本结构发生变化。此外,税后现金流的变化也深刻影响着企业的投资决策,例如,企业履行社会责任的动机与社会责任表现。因此,本书利用2009—2018年中国A股非金融类上市公司数据,从资本成本与社会责任表现两方面对企业税负变化的经济后果问题进行研究。实证结果表明:"一带一路"倡议对企业税负的缓解作用对降低企业的债务融资成本与权益资本成本有积极作用。当企业的融资约束较强、盈余信息质量较高时,这种作用更明显。同时,"一带一路"倡议对企业税负的缓解作用有利于提升企业的社会责任表现,并且这种社会责任表现的提升存在显著的正向同行溢出效应。相比于同行竞争者未参与"一带一路"倡议的国内企业,同行竞争者参与倡议的国内企业显著提升了自身的社会责任表现。上述结论在重新进行分组回归和替换衡量指标后依然稳健。

二、政策建议

本书以对外直接投资的主体——"走出去"企业为研究对象,考察了"一带一路"倡议的实施对企业税负水平的影响、"一带一路"倡议影响企业税负的作用机制以及"一带一路"背景下企业税负降低的经济后果。针对上述结论,本书提出以下三方面的政策建议。

第一,继续稳步推进"一带一路"建设,推动开放型经济高质量发展。"一带一路"周边地区产业发展需求旺盛,基础设施建设存在较大缺口,市场购买力未得到完全释放,经济发展潜力巨大。尽管在2016年以后,国际直接投资规模明显减小,但中国对"一带一路"沿线国家的直接投资规模始终保持稳中有升的态势。在中国经济从高速增长转为高质量增长的新常态下,投资"一带一路"沿线国家对缓解国内产能过剩、促进国内企业技术创新、推动产业升级有重大意义。具体来看,首先,应继续深入推进"一带一路"倡议的实施,始终秉承对外开放的态度,加强中国与沿线各国的经济合作。其次,在因地制宜、优势互补的基础上,加强与各国的优势产业与龙头企业的技术合作,引导对外直接投资向高端制造业、高新技术行业与现代服务业等产业集聚,进而提升对外投资企业的资源配置效率。此外,还应加强与沿线国家在共同应对全球气候变暖、绿色治理、构建重大突发公共卫生事件协同治理体系、企业数

第七章 结论与政策建议

字化转型等重大领域的双边与多边合作，共同促进开放型经济的高质量发展。与此同时，对外投资企业应抓住"一带一路"倡议的实施这一历史机遇，把握宏观经济发展方向，积极拓展和巩固海外市场。发挥自身优势、补齐技术短板，持续提升国际竞争力。

第二，持续为参与"一带一路"倡议企业提供政策支持，提高企业"走出去"的积极性。我国政府与投资东道国政府为企业提供了诸多的优惠条款与政策激励，降低了企业在对外投资过程中的税收不确定性。为激发我国企业"走出去"的积极性、提升企业利用全球要素市场进行资源配置的能力，应持续为参与倡议企业提供相应的政策支持。具体来看，首先，信贷支持。加强各商业银行与政策性银行对民营企业的中长期信贷支持，保障民营企业对外投资的资金需求，引导投资流向高新技术产业、现代服务业等重点行业。打通债券市场融资渠道，提升参与倡议企业的融资便利程度，降低企业融资成本。其次，税收优惠政策。定期编制"一带一路"沿线各国的营商环境报告与国别税收指引，引导对外投资企业及时掌握投资东道国的税收制度与税收环境的相关信息。为符合条件的企业提供优惠税率、加计扣除与税费返还等税收优惠，落实"减税降费"政策，切实减轻企业的税收负担，降低境外经营成本，释放企业经营活力。对外投资企业也应充分利用各种信贷与税收扶持政策，提升自身外部融资能力，更好地享受政策红利。

第三，建立跨国税务信息共享机制，切实维护国家税收利益与对外投资企业的合法权益。近年来，跨国企业利用不同国家或地区间的税制差异，以及"避税天堂"的"超低税率"甚至"零税率"，在世界范围内进行利润转移以最小化税负，这一行为造成了对各个国家的税基侵蚀。在OECD组织提出税基侵蚀与利润转移行动计划这一背景下，我国签署了《多边税收征管互助公约》《对所得避免双重征税和防止偷漏税的协定》等多个重要文件。首先，我国应利用签订上述协定的重要契机，加强与沿线各国税务机关的稽查合作。避免企业因利用投资"一带一路"机会进行境外避税导致母国税基侵蚀，切实维护国家税收利益。其次，建立跨国税务信息共享机制，保证跨国企业在任意一国的经营状况与税务信息可由所有经营国税务机关共享,提升企业的信息透明度,提高税务机关的监管效率。此外,跨国企业应注意税务信息披露合规性。尽管披露要求的提高可能产生短期成本,但从长期来看,这有利于企业降低跨国经营的税收不确定性,维护自身的可持续经营能力。

参考文献

[1] 安体富，孙玉栋.中国税收负担与税收政策研究[M].北京：中国税务出版社，2006：12-16.

[2] 白俊红，刘宇英.对外直接投资能否改善中国的资源错配[J].中国工业经济，2018（1）：60-78.

[3] 白思达.中国跨国公司税基侵蚀和利润转移问题研究[J].世界经济，2019，42（4）：174-192.

[4] 白思达，储敏伟.转让定价与企业国际避税问题研究——来自中国商品出口贸易的实证检验[J].财经研究，2017，43（8）：32-42.

[5] 白云霞，唐伟正，刘刚.税收计划与企业税负[J].经济研究，2019，54（5）：98-112.

[6] 蔡兴，刘子兰.美国产业结构的调整与贸易逆差[J].国际贸易问题，2012（10）：68-76.

[7] 曹明星，刘奇超."走出去"企业三种跨境所得的国际税收筹划方式——基于"一带一路"沿线国（地区）的观察[J].经济体制改革，2016（1）：104-111.

[8] 曹越，郭天枭.高管学术经历与企业社会责任[J].会计与经济研究，2020，34（2）：22-42.

[9] 陈春华，蒋德权，曹伟.高管晋升与企业税负——来自中国地方国有上市公司的经验证据[J].会计研究，2019（4）：81-88.

[10] 陈德球，陈运森，董志勇.政策不确定性、税收征管强度与企业税收规避[J].管理世界，2016（5）：151-163.

[11] 陈冬，唐建新.高管薪酬、避税寻租与会计信息披露[J].经济管理，2012，34（5）：114-122.

[12] 陈胜蓝，刘晓玲.公司投资如何响应"一带一路"倡议？——准自然实验的经验研究[J].财经研究，2018，44（4）：20-33.

[13] 陈晓光.增值税有效税率差异与效率损失——兼议对"营改增"的启示[J].中国社会科学，2013（8）：67-84，205，206.

[14] 陈钊，王旸."营改增"是否促进了分工：来自中国上市公司的证据[J].管理世界，2016（3）：36-45.

[15] 程惠芳，阮翔.用引力模型分析中国对外直接投资的区位选择[J].世界经济，2004（11）：23-30.

[16] 戴翔，韩剑，张二震.集聚优势与中国企业"走出去"[J].中国工业经济，2013（2）：117-129.

[17] 戴翔，宋婕."一带一路"有助于中国重构全球价值链吗？[J].世界经济研究，2019（11）：108-121，136.

[18] 代昀昊.机构投资者、所有权性质与权益资本成本[J].金融研究，2018（9）：143-159.

[19] 邓力平，马骏，王智烜.双边税收协定与中国企业"一带一路"投资[J].财贸经济，2019，40（11）：35-49.

[20] 邓新明，许洋.双边投资协定对中国对外直接投资的影响——基于制度环境门槛效应的分析[J].世界经济研究，2015（3）：47-55，128.

[21] 杜凯，周勤.中国对外直接投资：贸易壁垒诱发的跨越行为[J].南开经济研究，2010（2）：46-65.

[22] 杜凯，周勤，蔡银寅.贸易壁垒约束下企业对外投资选择的一般均衡分析[J].管理工程学报，2011，25（1）：77-82.

[23] 范子英，彭飞."营改增"的减税效应和分工效应：基于产业互联的视角

[J]. 经济研究, 2017, 52 (2): 82-95.

[24] 范子英, 赵仁杰. 财政职权、征税努力与企业税负 [J]. 经济研究, 2020, 55 (4): 101-117.

[25] 方芳, 陈佩华. 我国企业境外投资的涉税风险及防范 [J]. 税务研究, 2017 (12): 96-98.

[26] 方慧, 赵甜. 中国企业对"一带一路"国家国际化经营方式研究——基于国家距离视角的考察 [J]. 管理世界, 2017 (7): 17-23.

[27] 冯延超. 中国民营企业政治关联与税收负担关系的研究 [J]. 管理评论, 2012, 24 (6): 167-176.

[28] 耿强, 江飞涛, 傅坦. 政策性补贴、产能过剩与中国的经济波动——引入产能利用率 RBC 模型的实证检验 [J]. 中国工业经济, 2011 (5): 27-36.

[29] 顾雪松, 韩立岩, 周伊敏. 产业结构差异与对外直接投资的出口效应——"中国-东道国"视角的理论与实证 [J]. 经济研究, 2016, 51 (4): 102-115.

[30] 郭江. 税收负担: 理论、方法与实证分析 [M]. 北京: 中国言实出版社, 2014: 57-62.

[31] 郭杰, 黄保东. 储蓄、公司治理、金融结构与对外直接投资: 基于跨国比较的实证研究 [J]. 金融研究, 2010 (2): 76-90.

[32] 后青松, 袁建国, 张鹏. 企业避税行为影响其银行债务契约吗——基于A股上市公司的考察 [J]. 南开管理评论, 2016, 19 (4): 122-134.

[33] 胡兵, 邓富华. 腐败距离与中国对外直接投资——制度观和行为学的整合视角 [J]. 财贸经济, 2014 (4): 82-92.

[34] 黄凌云, 郑淑芳, 王珏. "一带一路"背景下对外投资企业的合作共赢机制研究 [J]. 管理评论, 2018, 30 (2): 172-182.

[35] 冀相豹. 制度差异、累积优势效应与中国 OFDI 的区位分布 [J]. 世界经济研究, 2014 (1): 73-80.

[36] 江飞涛, 曹建海. 市场失灵还是体制扭曲——重复建设形成机理研究中的争论、缺陷与新进展 [J]. 中国工业经济, 2009 (1): 53-64.

[37] 蒋冠宏.企业异质性和对外直接投资——基于中国企业的检验证据[J].金融研究,2015(12):81-96.

[38] 蒋冠宏.中国企业对"一带一路"沿线国家市场的进入策略[J].中国工业经济,2017(9):119-136.

[39] 蒋冠宏,蒋殿春.中国对外投资的区位选择:基于投资引力模型的面板数据检验[J].世界经济,2012,35(9):21-40.

[40] 蒋冠宏,蒋殿春.中国企业对外直接投资的"出口效应"[J].经济研究,2014,49(5):160-173.

[41] 蒋冠宏,蒋殿春.中国工业企业对外直接投资与企业生产率进步[J].世界经济,2014,37(9):53-76.

[42] 蒋冠宏,蒋殿春,蒋昕桐.我国技术研发型外向FDI的"生产率效应"——来自工业企业的证据[J].管理世界,2013(9):44-54.

[43] 江小涓,杜玲.国外跨国投资理论研究的最新进展[J].世界经济,2001(6):71-77.

[44] 蒋为,李行云,宋易珈.中国企业对外直接投资快速扩张的新解释——基于路径、社群与邻伴的视角[J].中国工业经济,2019(3):62-80.

[45] 蒋琰.权益成本、债务成本与公司治理:影响差异性研究[J].管理世界,2009(11):144-155.

[46] 金刚,沈坤荣.中国企业对"一带一路"沿线国家的交通投资效应:发展效应还是债务陷阱[J].中国工业经济,2019(9):79-97.

[47] 鞠晓生,卢荻,虞义华.融资约束、营运资本管理与企业创新可持续性[J].经济研究,2013,48(1):4-16.

[48] 孔群喜,王紫绮,蔡梦.对外直接投资提高了中国经济增长质量吗[J].财贸经济,2019,40(5):96-111.

[49] 李桂萍,刘薇.企业所得税改革对公司股权资本成本的影响分析[J].财政研究,2014(12):62-67.

[50] 李建军,李俊成."一带一路"倡议、企业信贷融资增进效应与异质性[J].

世界经济，2020，43（2）：3-24.

[51] 李娟，唐珮菡，万璐，等.对外直接投资、逆向技术溢出与创新能力——基于省级面板数据的实证分析[J].世界经济研究，2017（4）：59-71，135.

[52] 李磊，白道欢，冼国明.对外直接投资如何影响了母国就业？——基于中国微观企业数据的研究[J].经济研究，2016，51（8）：144-158.

[53] 李磊，蒋殿春，王小霞.企业异质性与中国服务业对外直接投资[J].世界经济，2017，40（11）：47-72.

[54] 李猛，于津平.中国反倾销跨越动机对外直接投资研究[J].财贸经济，2013（4）：76-88，49.

[55] 李明，赵旭杰，冯强.经济波动中的中国地方政府与企业税负：以企业所得税为例[J].世界经济，2016，39（11）：104-125.

[56] 李万福，陈晖丽.内部控制与公司实际税负[J].金融研究，2012（9）：195-206.

[57] 李笑影，李玲芳.互联网背景下应对"一带一路"贸易风险的机制设计研究[J].中国工业经济，2018（12）：97-114.

[58] 李新春，肖宵.制度逃离还是创新驱动？——制度约束与民营企业的对外直接投资[J].管理世界，2017（10）：99-112，129.

[59] 李小帆，蒋灵多."一带一路"建设、中西部开放与地区经济发展[J].世界经济，2020，43（10）：3-27.

[60] 林梦瑶，张中元.区域贸易协定中竞争政策对外商直接投资的影响[J].中国工业经济，2019（8）：99-117.

[61] 林志帆.中国的对外直接投资真的促进出口吗[J].财贸经济，2016（2）：100-113.

[62] 刘东丽，刘宏.中国对外直接投资对创新能力影响研究[J].亚太经济，2017（2）：113-120.

[63] 刘飞鹏.税收负担：理论与政策[M].北京：中国财政经济出版社，1995：

27-32.

[64] 刘海云,毛海欧.制造业OFDI对出口增加值的影响[J].中国工业经济,2016（7）：91-108.

[65] 刘海云,聂飞.中国制造业对外直接投资的空心化效应[J].中国工业经济,2015（4）：83-96.

[66] 刘行,叶康涛.企业的避税活动会影响投资效率吗？[J].会计研究,2013（6）：47-53,96.

[67] 刘行,叶康涛.金融发展、产权与企业税负[J].管理世界,2014（3）：41-52.

[68] 刘行,赵健宇,叶康涛.企业避税、债务融资与债务融资来源——基于所得税征管体制改革的断点回归分析[J].管理世界,2017（10）：113-129.

[69] 刘宏,张蕾.中国ODI逆向技术溢出对全要素生产率的影响程度研究[J].财贸经济,2012（1）：95-100.

[70] 刘骏,刘峰.财政集权、政府控制与企业税负——来自中国的证据[J].会计研究,2014（1）：21-27,94.

[71] 刘莉亚,何彦林,王照飞,等.融资约束会影响中国企业对外直接投资吗？——基于微观视角的理论和实证分析[J].金融研究,2015（8）：124-140.

[72] 刘啟仁,黄建忠.企业税负如何影响资源配置效率[J].世界经济,2018,41（1）：78-100.

[73] 刘清杰,刘倩,任德孝.中国对"一带一路"沿线国家投资倾向于出口平台型吗[J].财贸经济,2019,40（6）：101-116.

[74] 刘西顺.产能过剩、企业共生与信贷配给[J].金融研究,2006（3）：166-173.

[75] 刘晓光,杨连星.双边政治关系、东道国制度环境与对外直接投资[J].金融研究,2016（12）：17-31.

[76] 刘玉博,吴万宗.中国OFDI与东道国环境质量：影响机制与实证检验[J].

财贸经济, 2017, 38（1）: 99-114.

[77] 刘志阔, 陈钊, 吴辉航, 等. 中国企业的税基侵蚀和利润转移——国际税收治理体系重构下的中国经验[J]. 经济研究, 2019, 54（2）: 21-35.

[78] 鲁桐. 中国企业海外经营: 对英国中资企业的实证研究[J]. 世界经济, 2000（4）: 3-15.

[79] 卢伟, 李大伟. "一带一路"背景下大国崛起的差异化发展策略[J]. 中国软科学, 2016（10）: 11-19.

[80] 栾强, 罗守贵. "营改增"激励了企业创新吗？——来自上海市科技企业的经验证据[J]. 经济与管理研究, 2018, 39（2）: 87-95.

[81] 吕延方, 王冬. "一带一路"有效实施: 经济规模、地理与文化距离[J]. 经济学动态, 2017（4）: 30-40.

[82] 吕越, 陆毅, 吴嵩博, 等. "一带一路"倡议的对外投资促进效应——基于2005—2016年中国企业绿地投资的双重差分检验[J]. 经济研究, 2019, 54（9）: 187-202.

[83] 马蔡琛, 管艳茹. "一带一路"税收征管合作机制研究[J]. 国际税收, 2022（1）: 66-73.

[84] 毛海欧, 刘海云. 中国对外直接投资对贸易互补关系的影响: "一带一路"倡议扮演了什么角色[J]. 财贸经济, 2019, 40（10）: 81-94.

[85] 毛其淋, 许家云. 中国企业对外直接投资是否促进了企业创新[J]. 世界经济, 2014, 37（8）: 98-125.

[86] 毛其淋, 许家云. 中国对外直接投资如何影响了企业加成率: 事实与机制[J]. 世界经济, 2016, 39（6）: 77-99.

[87] 毛新述, 叶康涛, 张顿. 上市公司权益资本成本的测度与评价——基于我国证券市场的经验检验[J]. 会计研究, 2012（11）: 12-22, 94.

[88] 明秀南, 阎虹戎, 冼国明. 对外直接投资对企业创新的影响分析[J]. 南方经济, 2019（8）: 39-55.

[89] 潘春阳, 袁从帅. 税收协定与中国对外直接投资——来自"一带一路"沿

线国家的经验证据[J]. 国际税收，2018（10）：70-74.

[90] 潘镇，金中坤. 双边政治关系、东道国制度风险与中国对外直接投资[J]. 财贸经济，2015（6）：85-97.

[91] 庞淑芬，王文静，黄静涵. "一带一路"下我国企业"走出去"的税收风险解析[J]. 国际税收，2017（1）：56-61.

[92] 裴长洪，樊瑛. 中国企业对外直接投资的国家特定优势[J]. 中国工业经济，2010（7）：45-54.

[93] 裴长洪，郑文. 国家特定优势：国际投资理论的补充解释[J]. 经济研究，2011，46（11）：21-35.

[94] 祁毓，王学超. 东道国劳工标准会影响中国对外直接投资吗？[J]. 财贸经济，2012（4）：98-105.

[95] 钱雪松，康瑾，唐英伦，等. 产业政策、资本配置效率与企业全要素生产率——基于中国2009年十大产业振兴规划自然实验的经验研究[J]. 中国工业经济，2018（8）：42-59.

[96] 覃毅，张世贤. FDI对中国工业企业效率影响的路径——基于中国工业分行业的实证研究[J]. 中国工业经济，2011（11）：68-78.

[97] 邱煜，潘攀. "一带一路"倡议与沿线国家债务风险：效应及作用机制[J]. 财贸经济，2019，40（12）：96-111.

[98] 沈春苗，郑江淮. 中国企业"走出去"获得发达国家"核心技术"了吗？——基于技能偏向性技术进步视角的分析[J]. 金融研究，2019（1）：111-127.

[99] 宋献中. 资本结构与税收的相关性分析[J]. 暨南学报（哲学社会科学版），2001（3）：71-77.

[100] 宋渊洋，黄礼伟. 为什么中国企业难以国内跨地区经营？[J]. 管理世界，2014（12）：115-133.

[101] 孙焱林，覃飞. "一带一路"倡议降低了企业对外直接投资风险吗[J]. 国际贸易问题，2018（8）：66-79.

参考文献

[102] 汤凤林，陈涵．"一带一路"背景下我国双边税收协定的现状、问题与完善建议 [J]．国际税收，2020（5）：54-58．

[103] 田彬彬，陶东杰，李文健．税收任务、策略性征管与企业实际税负 [J]．经济研究，2020，55（8）：121-136．

[104] 王碧珺，谭语嫣，余淼杰，等．融资约束是否抑制了中国民营企业对外直接投资 [J]．世界经济，2015，38（12）：54-78．

[105] 王桂军，卢潇潇．"一带一路"倡议可以促进中国企业创新吗？[J]．财经研究，2019a，45（1）：19-34．

[106] 王桂军，卢潇潇．"一带一路"倡议与中国企业升级 [J]．中国工业经济，2019b（3）：43-61．

[107] 王亮亮，王跃堂．企业研发投入与资本结构选择——基于非债务税盾视角的分析 [J]．中国工业经济，2015（11）：125-140．

[108] 王然，燕波，邓伟根．FDI对我国工业自主创新能力的影响及机制——基于产业关联的视角 [J]．中国工业经济，2010（11）：16-25．

[109] 王素荣，蒋高乐．新会计准则对上市公司所得税税负影响研究 [J]．中国工业经济，2009（12）：117-127．

[110] 王素荣，张新民．资本结构和所得税税负关系实证研究 [J]．中国工业经济，2006（12）：98-104．

[111] 王伟同，李秀华，陆毅．减税激励与企业债务负担——来自小微企业所得税减半征收政策的证据 [J]．经济研究，2020，55（8）：105-120．

[112] 王小龙，余龙．财政转移支付的不确定性与企业实际税负 [J]．中国工业经济，2018（9）：155-173．

[113] 汪小勤，王磊，覃飞．"一带一路"倡议能否提高企业业绩水平 [J]．金融学季刊，2019，13（3）：81-102．

[114] 王雄元，高曦．年报风险披露与权益资本成本 [J]．金融研究，2018（1）：174-190．

[115] 王永钦，杜巨澜，王凯．中国对外直接投资区位选择的决定因素：制度、

税负和资源禀赋[J]. 经济研究, 2014, 49（12）: 126-142.

[116] 王玉兰, 李雅坤. "营改增"对交通运输业税负及盈利水平影响研究——以沪市上市公司为例[J]. 财政研究, 2014（5）: 41-45.

[117] 王跃堂, 王亮亮, 彭洋. 产权性质、债务税盾与资本结构[J]. 经济研究, 2010, 45（9）: 122-136.

[118] 王泽宇, 刘刚, 梁晗. 中国企业对外投资选择的多样性及其绩效评价[J]. 中国工业经济, 2019（3）: 5-23.

[119] 王自锋, 白玥明. 产能过剩引致对外直接投资吗？——2005~2007年中国的经验研究[J]. 管理世界, 2017（8）: 27-63.

[120] 文淑惠, 张诣博. 金融发展、FDI溢出与经济增长效率: 基于"一带一路"沿线国家的实证研究[J]. 世界经济研究, 2020（11）: 87-102, 136-137.

[121] 吴联生. 国有股权、税收优惠与公司税负[J]. 经济研究, 2009, 44（10）: 109-120.

[122] 吴文锋, 吴冲锋, 芮萌. 中国上市公司高管的政府背景与税收优惠[J]. 管理世界, 2009（3）: 134-142.

[123] 吴志峰, 石赟, 季洁. 优化"一带一路"税收情报交换机制, 提升征管合作质效[J]. 国际税收, 2020（12）: 43-47.

[124] 肖慧敏, 刘辉煌. 中国对外直接投资提升了企业效率吗[J]. 财贸经济, 2014（5）: 70-81.

[125] 谢杰, 刘任余. 基于空间视角的中国对外直接投资的影响因素与贸易效应研究[J]. 国际贸易问题, 2011（6）: 66-74.

[126] 徐浩萍, 吕长江. 政府角色、所有权性质与权益资本成本[J]. 会计研究, 2007（6）: 61-67, 96.

[127] 徐梁. "一带一路"背景下动态比较优势增进研究[D]. 浙江: 浙江大学, 2016.

[128] 许罗丹, 谭卫红. 对外直接投资理论综述[J]. 世界经济, 2004（3）: 65-

69.

[129] 徐思, 何晓怡, 钟凯. "一带一路"倡议与中国企业融资约束[J]. 中国工业经济, 2019（7）: 155-173.

[130] 许真, 陈晓飞. 基于扩展的 IDP 模型的对外直接投资决定因素分析——来自国家面板回归的证据[J]. 经济问题, 2016（2）: 44-49.

[131] 闫雪凌, 林建浩. 领导人访问与中国对外直接投资[J]. 世界经济, 2019, 42（2）: 147-169.

[132] 杨柏, 陈伟, 林川, 宋璐. "一带一路"战略下中国企业跨国经营的文化冲突策略分析[J]. 管理世界, 2016（9）: 174-175.

[133] 杨娇辉, 王伟, 谭娜. 破解中国对外直接投资区位分布的"制度风险偏好"之谜[J]. 世界经济, 2016, 39（11）: 3-27.

[134] 杨连星, 刘晓光. 中国 OFDI 逆向技术溢出与出口技术复杂度提升[J]. 财贸经济, 2016（6）: 97-112.

[135] 杨连星, 刘晓光, 张杰. 双边政治关系如何影响对外直接投资——基于二元边际和投资成败视角[J]. 中国工业经济, 2016（11）: 56-72.

[136] 杨连星, 沈海超, 殷德生. 对外直接投资如何影响企业产出[J]. 世界经济, 2019, 42（4）: 77-100.

[137] 杨文龙, 杜德斌. "一带一路"沿线国家投资网络结构及其影响因素: 基于 ERGM 模型的研究[J]. 世界经济研究, 2018（5）: 80-94, 136.

[138] 杨兴全, 尹兴强, 孟庆玺. 谁更趋多元化经营: 产业政策扶持企业抑或非扶持企业[J]. 经济研究, 2018, 53（9）: 133-150.

[139] 杨亚平, 高玥. "一带一路"沿线国家的投资选址——制度距离与海外华人网络的视角[J]. 经济学动态, 2017（4）: 41-52.

[140] 姚星, 蒲岳, 吴钢, 等. 中国在"一带一路"沿线的产业融合程度及地位: 行业比较、地区差异及关联因素[J]. 经济研究, 2019, 54（9）: 172-186.

[141] 叶康涛, 刘行. 税收征管、所得税成本与盈余管理[J]. 管理世界, 2011

（5）：140-148.

[142] 叶康涛，刘行. 公司避税活动与内部代理成本 [J]. 金融研究，2014（9）：158-176.

[143] 尹国俊，杨雅娜. 企业对外投资区位选择的能力资源整合分析——以万向集团为例 [J]. 财贸经济，2012（2）：81-88.

[144] 岳咬兴，范涛. 制度环境与中国对亚洲直接投资区位分布 [J]. 财贸经济，2014（6）：69-78.

[145] 喻灵. 股价崩盘风险与权益资本成本——来自中国上市公司的经验证据 [J]. 会计研究，2017（10）：78-85.

[146] 曾康华. 当代西方税收理论与税制改革研究 [M]. 北京：中国税务出版社，2011：15-95.

[147] 张春萍. 中国对外直接投资的贸易效应研究 [J]. 数量经济技术经济研究，2012，29（6）：74-85.

[148] 张海波，彭新敏. ODI 对我国的就业效应——基于动态面板数据模型的实证研究 [J]. 财贸经济，2013（2）：101-111.

[149] 张海亮，齐兰，卢曼. 套利动机是否加速了对外直接投资——基于对矿产资源型国有企业的分析 [J]. 中国工业经济，2015（2）：135-147.

[150] 张述存. "一带一路"战略下优化中国对外直接投资布局的思路与对策 [J]. 管理世界，2017（4）：1-9.

[151] 张同斌，高铁梅. 财税政策激励、高新技术产业发展与产业结构调整 [J]. 经济研究，2012，47（5）：58-70.

[152] 张为付. 影响我国企业对外直接投资因素研究 [J]. 中国工业经济，2008（11）：130-140.

[153] 张璇，张计宝，闫续文，等. "营改增"与企业创新——基于企业税负的视角 [J]. 财政研究，2019（3）：63-78.

[154] 张瑶. 情报交换协定是否能遏制企业的税基侵蚀和利润转移行为 [J]. 世界经济，2018，41（3）：127-146.

[155] 张宇. "一带一路"倡议是否降低了中国出口的隐性壁垒？[J]. 世界经济研究, 2020 (11): 3-14, 135.

[156] 张宇, 蒋殿春. FDI、环境监管与能源消耗：基于能耗强度分解的经验检验 [J]. 世界经济, 2013, 36 (3): 103-123.

[157] 张原. 中国对"一带一路"援助及投资的减贫效应——"授人以鱼"还是"授人以渔" [J]. 财贸经济, 2018, 39 (12): 111-125.

[158] 张中元. 东道国制度质量、双边投资协议与中国对外直接投资——基于面板门限回归模型（PTR）的实证分析 [J]. 南方经济, 2013, 31 (4): 49-62.

[159] 赵纯祥, 张敦力, 杨快, 等. 税收征管经历独董能降低企业税负吗 [J]. 会计研究, 2019 (11): 70-77.

[160] 赵书博, 胡江云. "一带一路"战略构想下完善我国企业境外投资所得税制的思考 [J]. 管理世界, 2016 (11): 11-19.

[161] 赵书博, 张书慧, 张雪. "一带一路"沿线国家增值税比较研究 [J]. 管理世界, 2019, 35 (7): 104-115.

[162] 赵伟, 古广东, 何庆元. 外向FDI与中国技术进步：机理分析与尝试性实证 [J]. 管理世界, 2006 (7): 53-60.

[163] 赵晓丽, 胡军峰, 史雪飞. 外商直接投资行业分布对中国能源消费影响的实证分析 [J]. 财贸经济, 2007 (3): 117-120, 129.

[164] 周黎安. 中国地方官员的晋升锦标赛模式研究 [J]. 经济研究, 2007 (7): 36-50.

[165] 祝继高, 王谊, 汤谷良. "一带一路"倡议下中央企业履行社会责任研究——基于战略性社会责任和反应性社会责任的视角 [J]. 中国工业经济, 2019 (9): 174-192.

[166] 庄序莹, 唐煌, 林海波. 东道国税收环境与中国企业对外直接投资区位选择 [J]. 财政研究, 2020 (5): 103-116.

[167] 宗芳宇, 路江涌, 武常岐. 双边投资协定、制度环境和企业对外直接投

资区位选择[J].经济研究，2012，47（5）：71-146.

[168] AHMED A S, BILLINGS B K, MORTON R M, STANFORD-HARRIS M. The role of accounting conservatism in mitigating bondholder-shareholder conflicts over dividend policy and reducing debt costs [J]. The Accounting Review, 2002, 77(4): 867-890.

[169] AKHTAR S, AKHTAR F, JOHN K, WONG S. Multinationals' tax evasion: A financial and governance perspective [J]. Journal of Corporate Finance, 2019, 57(3): 35-62.

[170] ALLEN F, QIAN J, QIAN M. Law, finance and economic growth in China [J]. Journal of Financial Economics, 2005, 77(1): 57-116.

[171] ANDERSON R, MANSI S, REEB D. Board characteristics, accounting report integrity, and the cost of debt [J]. Journal of Accounting and Economics, 2004, 37(3): 315-342.

[172] ARMSTRONG C S, GLAESER S, KEPLER J D. Strategic reactions incorporate tax planning [J]. Journal of Accounting and Economics, 2019, 68(1): 1-26.

[173] ASHBAUGH-SKAIFE H, COLLINS D W, LAFOND R. The effect of corporate governance on firms' credit ratings [J]. Journal of Accounting and Economics, 2006, 42(1/2): 203-243.

[174] BAILEY M, CAO R, KUCHLER T, STROEBEL J. The economic effects of social networks: evidence from the housing market [J]. Journal of Political Economics, 2018, 126(6): 2224-2276.

[175] BALAKRISHNAN K, BLOUIN J L, GUAY W R. Tax aggressiveness and corporate transparency [J]. The Accounting Review, 2019, 94(1): 45-69.

[176] BELDERBOS R, VANDENBUSSCHE H, VEUGELERS R. Antidumping duties, undertakings, and foreign direct investment in the EU [J]. European Economic Review, 2004, 48(2): 429-453.

[177] BERLE A A, MEANS G C. The Modern Corporation and Private Property [M].

New York: Macmillan, 1932.

[178] BHARATH S, SUNDER J, SUNDER S. Accounting quality and debt contracting [J]. The Accounting Review, 2008, 83(1): 1–28.

[179] BOISOT M, MEYER M W. Which way through the open door? Reflections on the internationalization of Chinese firms [J]. Management and Organization Review, 2008, 4(3): 349–365.

[180] BRACONIER H, EKHOLM K. Swedish multinationals and competition from high-and low-wage locations [J]. Review of International Economics, 2000, 8(3): 448–461.

[181] BRADSHAW M, LIAO G, MA M. Agency costs and tax planning when the government is a major shareholder [J]. Journal of Accounting and Economics, 2019, 67(2/3): 255–277.

[182] BUCKLEY P J, CASSON M. The Future of the Multinational Enterprise [M]. London: MacMillan, 1976.

[183] BUSSE M, BRAUN S T. Trade and investment effects of forced labour: An empirical assessment [J]. International Labour Review, 2002, 142(1): 49–71.

[184] BUSSE M, KÖNIGER J, NUNNENKAMP P. FDI promotion through bilateral investment treaties: More than a bit? [J]. Review of World Economics, 2010(146): 147–177.

[185] CANTWELL J, TOLENTINO P E. Technological accumulation and third world multinationals [J]. Discussion Paper in International Investment and Business Studies, 1990(139): 1–58.

[186] CAO J, LIANG H, ZHAN X. Peer effects of corporate social responsibility [J]. Management Science, 2019, 65(12): 5487–5503.

[187] CEN L, MAYDEW E L, ZHANG L, ZUO L. Tax planning diffusion, real effects, and sharing of benefits [J]. 2018, Working Paper.

[188] CHEN D H, LI O Z, FU X. Five-year plans, China finance and their

consequences [J]. China Journal of Accounting Research, 2017, 10(3): 189–226.

[189] CHEN H, TANG S, WU D, YANG D. The political dynamics of corporate tax avoidance: The Chinese experience [J]. The Accounting Review, 2021, 96(5): 157–180.

[190] CHEN K P, CHU C Y C. Internal control versus external manipulation [J]. RAND Journal of Economics, 2005, 36(1): 151–164.

[191] CHEN N, LEHMER T. Aggressive tax avoiders: U.S. multinationals shifting domestic earnings to zero [J]. The Accounting Review, 2021, 96(5): 181–206.

[192] CHENG L K. Three questions on China's "Belt and Road Initiative" [J]. China Economic Review, 2016, 40(9): 309–313.

[193] COE D T, HELPMAN E. International R&D spillovers [J]. European Economic Review, 1995, 39(94): 859–887.

[194] CROCKER K, SLEMROD J. Corporate tax evasions with agency costs [J]. Journal of Public Economics, 2005, 89(9–10): 1593–1610.

[195] DAVIS G D. Regional trade agreements and foreign direct investment [J]. Politics and Policy, 2011, 39(3): 401–419.

[196] DEANGELO H, MASULIS R W. Leverage and dividend irrelevancy under corporate and personal taxation [J]. The Journal of Finance, 1980, 35(2): 453–464.

[197] DECHOW P M, DICHEV I D. The quality of accruals and earnings: The role of accrual estimation errors [J]. The Accounting Review, 2002, 77(4): 35–59.

[198] DECHOW P, GE W, SCHRAND C. Understanding earnings quality: A review of the proxies, their determinants and their consequences [J]. Journal of Accounting and Economics, 2010, 50(2): 344–401.

[199] DESAI M A, DHARMAPALA D. Corporate tax avoidance and high-powered incentives [J]. Journal of Financial Economics, 2006, 79(1): 145–179.

参考文献

[200] DESAI M A, DHARMAPALA D. Corporate tax avoidance and firm value [J]. Review of Economics and Statistics, 2009, 91(3): 537-546.

[201] DUNNING J H. Economic Analysis and the Multinational Enterprise [M]. New York: Praeger, 1975.

[202] DUNNING J H. Explaining the international direct investment position of countries: Towards a dynamic or developmental approach [J]. Weltwirtschaftliches Archiv, 1981, 119(1): 30-64.

[203] DYRENG S D, HANLON M, MAYDEW E L. Long-run corporate tax avoidance [J]. The Accounting Review, 2008, 83(1): 61-82.

[204] DYRENG S D, HOOPES J, WILDE J. Public pressure and corporate tax behavior [J]. Journal of Accounting Research, 2016, 54(1): 147-186.

[205] DYRENG S D, LINDSEY B P. Using financial accounting data to examine the effect of foreign operations located in tax havens and other countries on U.S. multinational firms' tax rates [J]. Journal of Accounting Research, 2009, 47(5): 1283-1316.

[206] DYRENG S D, LINDSEY B P, THORNOCK J R. Exploring the role Delaware plays as a domestic tax haven [J]. Journal of Financial Economics, 2013, 108(3): 751-772.

[207] EASTON P. PE ratios, PEG ratios, and estimating the implied expected rate of return on equity capital [J]. The Accounting Review, 2004, 79(1): 79-95.

[208] EDWARDS A, SCHWAB C M, SHEVLIN T J. Financial constraints and cash tax savings [J]. The Accounting Review, 2016, 91(3): 859-881.

[209] EKHOLM K, FORSLID R, MARKUSEN J R. Export-platform foreign direct investment [J]. Journal of the European Economic Association, 2007, 5(4): 776-795.

[210] FRANCIS J, LAFOND R, OLSSON P, SCHIPPER K. The market pricing of accruals quality [J]. Journal of Accounting and Economics, 2005, 39(2): 295-

327.

[211]FRYE T, SHLEIFER A. The invisible hand and grabbing hand[J]. The American Economic Review, 1997, 87(2): 354-358.

[212]GOH B W, LEE J, LIM C Y, SHEVLIN T. The effect of corporate tax avoidance on the cost of capital[J]. The Accounting Review, 2016, 91(6): 1647-1670.

[213]GRAHAM J R, LI S, QIU J. Corporate misreporting and bank loan contracting[J]. Journal of Financial Economics, 2008, 89(1): 44-61.

[214]GRAHAM J R, TUCKER A L. Tax shelters and corporate debt Policy[J]. Journal of Financial Economics, 2006, 81(3): 563-594.

[215]HABIB M, ZURAWICKI L. Corruption and foreign direct investment[J]. Journal of International Business Studies, 2002, 33(2): 291-307.

[216]HADLOCK C, PIERCE J. New evidence on measuring financial constraints: Moving beyond the K index[J]. Review of Financial Studies, 2010, 23(5): 1909-1940.

[217]HANLON M, HEITZMAN S. A review of tax research[J]. Journal of Accounting and Economics, 2010, 50(2/3): 127-178.

[218]HANLON M, SLEMROD J. What does tax aggressiveness signal? Evidence from stock price reactions to news about tax shelter involvement[J]. Journal of Public Economics, 2009, 93(1/2): 126-141.

[219]HASAN I, HOI C K, WU Q, ZHANG H. Beauty in the eye of the beholder: The effect of corporate tax avoidance on the cost of bank loans[J]. Journal of Financial Economics, 2014, 113(1): 109-130.

[220]HEAD K, RIES J. Overseas investment and firm exports[J]. Review of International Economics, 2001, 9(1): 108-122.

[221]HELPMAN E. A simple theory of international trade with multinational corporations[J]. Journal of Political Economy, 1984, 92(2): 451-472.

[222]HOI C K, WU Q, ZHANG H. Is corporate social responsibility (CSR) associated

with tax avoidance? Evidence from irresponsible CSR activities [J]. The Accounting Review, 2013, 88(6): 2025-2059.

[223] HORSTMANN I, MARKUSEN J. Strategic investments and the development of multinationals [J]. International Economic Review, 1987, 28(1): 109-121.

[224] HOU K, VAN DIJK M A, ZHANG Y. The implied cost of capital: A new approach [J]. Journal of Accounting and Economics, 2012, 53(3): 504-526.

[225] HU H, CUI L. Outward foreign direct investment of publicly listed firms from China: A corporate governance perspective [J]. International Business Review, 2014, 23(4): 750-760.

[226] HYMER S. International Operations of National Firms: A Study of Direct Foreign Investment [D]. Cambridge: Massachusetts Institute of Technology, 1960.

[227] JACOB M. Real effects of Corporate taxation: A review [J]. European Accounting Review, 2022, 31(1): 269-296.

[228] JACOB M, SCHÜTT H H. Firm valuation and the uncertainty of future tax avoidance [J]. European Accounting Review, 2020, 29(3): 409-435.

[229] JAVORCIK B S, WEI S J. Corruption and cross-border investment in emerging market: Firm-level evidence [J]. Journal of International Money and Finance, 2009, 28(4): 605-624.

[230] JENSEN M C, MECKLING W H. Theory of the firm: Managerial behavior and agency costs and ownership structure [J]. Journal of Financial Economics, 1976, 3(4): 305-360.

[231] JOHANSON J, VAHLNE J E. The Uppsala internationalization process model revisited: from liability of foreignness to liability of outsidership [J]. Journal of International Business Studies, 2009, 40(9): 1411-1431.

[232] JOSHI P. Does private country-by-country reporting deter tax avoidance and income shifting? Evidence from BEPS Action Item 13 [J]. Journal of Accounting Research, 2020, 58(2): 333-381.

[233] KAPLAN S N, ZINGALES L. Do investment-cash flow sensitivities provide useful measures of financing constraints? [J]. The Quarterly Journal of Economics, 1997, 112(1): 169-215.

[234] KOJIMA K. Direct Foreign Investment, a Japanese Model of Multinational Business Operations [M]. New York: Praeger, 1978.

[235] KOTHARI S P, LEONE A J, WASLEY C E. Performance matched discretionary accrual measures [J]. Journal of Accounting and Economics, 2005, 39(1): 163-197.

[236] KPMG. BEPS Action Item 13: Country Implementation Summary [EB/OL]. (2019-02-11) [2022-02-25]. https://assets.kpmg/content/dam/kpmg/be/pdf/2019/02/tnf-beps-action-13-february11-2019.pdf

[237] KUBICK T, LYNCH D, MAYBERRY M, OMER T. Product market power and tax planning: market leaders, mimicking strategies, and stock returns [J]. Accounting Review, 2014, 90(2): 675-702.

[238] KUCERA D. Core labor standards and foreign direct investment [J]. International Labour Review, 2002, 141(1/2): 31-49.

[239] LALL S. The New Multinationals: The Spread of Third World Enterprises [M]. New York: Wiley, 1983.

[240] LAMBERT R, LEUZ C, VERRECCHIA R. Accounting information, disclosure, and the cost of capital [J]. Journal of Accounting Research, 2007, 45(2): 385-420.

[241] LAW K K F, MILLS L F. Taxes and financial constraints: Evidence from linguistic cues [J]. Journal of Accounting Research, 2015, 53(4): 777-819.

[242] LIAO L, CHEN G, ZHENG D. Corporate social responsibility and financial fraud: Evidence from China [J]. Accounting and Finance, 2019, 59(5): 3133-3169.

[243] LISOWSKY P. Seeking shelter: Empirically modeling tax shelters using financial

statement information [J]. The Accounting Review, 2010, 85(5): 1693–1720.

[244] LU Y, YU L. Trade liberalization and markup dispersion: Evidence from China's WTO accession [J]. American Economic Journal: Applied Economics, 2015, 7(4): 221–253.

[245] LUO Y, XUE Q, HAN B. How emerging market governments promote outward FDI: Experience from China [J]. Journal of World Business, 2010, 45(1): 68–79.

[246] MALLIN C, FARAG H, OW-YONG K. Corporate social responsibility and financial performance in Islamic banks [J]. Journal of Economic Behavior and Organization, 2014, 103(7): 21–38.

[247] MASSO J, VARBLANE U, VAHTER P. The impact of outward FDI on home-country employment in a low-cost transition economy [J]. Network Dynamics in Emerging Regions of Europe, 2010, 333–360.

[248] MORCK R, YEUNG B, ZHAO M. Perspective on China's outward foreign direct investment [J]. Journal of International Business Studies, 2008, 39(3): 337–350.

[249] MUKHERJEE A, SINGH M, ŽALDOKAS A. Do corporate taxes hinder innovation? [J]. Journal of Financial Economics, 2017, 124(1): 195–221.

[250] MYERS S C, MAJLUF N S. Corporate financing and investment decisions when firms have information that investors do not have [J]. Journal of Financial Economics, 1984, 13(2): 187–221.

[251] OECD. Action Plan on Base Erosion and Profit Shifting[EB/OL]. (2013-07-19) [2021-11-16]. https://read.oecd-ilibrary.org/taxation/action-plan-on-base-erosion-and-profit-shifting_9789264202719.

[252] OBERHOFER H, PFAFFERMAYR M. FDI versus exports: Multiple host countries and empirical evidence [J]. The World Economy, 2012, 35(3): 316–330.

[253] PORTER M E. The Competitive Advantage of Nations [M]. London: Macmillan, 1990.

[254] POTTERIE B, LICHTENBERG F. Does foreign direct investment transfer technology across borders [J]. Review of Economics and Statistics, 2001, 83(3): 490-497.

[255] ROBICHEK A A, MYERS S C. Problems in the theory of optimal capital structure [J]. Journal of Financial and Quantitative Analysis, 1966, 1(2): 1-35.

[256] RODRIK D. Coordination failures and government policy: A model with applications to East Asia and Eastern Europe [J]. Journal of International Economics, 1996, 40(1/2): 1-22.

[257] RUGMAN A M. Inside the Multinationals: The Economics of Internal Markets [M]. New York: Columbia University Press, 1981.

[258] SHEVLIN T, SHIVAKUMAR L, URCAN O. Macroeconomic effects of corporate tax policy [J]. Journal of Accounting and Economics, 2019, 68(1): 1-22.

[259] SHEVLIN T, URCAN O, VASVARI F. Corporate tax avoidance and debt costs [J]. Journal of the American Taxation Association, 2019, 42(2): 117-143.

[260] SHI W, SUN S L, YAN D, ZHU Z. Institutional fragility and outward foreign direct investment from China [J]. Journal of International Business Studies, 2017, 48(4): 1-25.

[261] STOIAN C, MOHR A. Outward foreign direct investment from emerging economies: Escaping home country regulative voids [J]. International Business Review, 2016, 25(5): 1124-1135.

[262] VERNON R. International investment and international trade in the product cycle [J]. The Quarterly of Economics, 1966, 80(2): 190-207.

[263] WELLS L T. Third World Multinationals [M]. MA: MIT Press, 1983.

[264] WITT M A, LEWIN A Y. Outward foreign direct investment as escape response to home country institutional constraints [J]. Journal of International Business

Studies, 2007, 38(4): 579-594.

［265］XU D, MEYER K E. Linking theory and context: "Strategy research in emerging economies" after Wright et al. (2005) ［J］. Journal of Management Studies, 2013, 50(7): 1322-1346.

［266］ZIMMERMAN J L. Taxes and firm size ［J］. Journal of Accounting and Economics, 1983, 5(1): 119-149.

［267］ZOU H, ADAMS M B. Debt capacity, cost of debt, and corporate insurance ［J］. Journal of Financial and Quantitative Analysis, 2008, 43(2): 433-466.